LES
PROPHÈTES DU PASSÉ

PAR

JULES BARBEY D'AUREVILLY

Id verum quod prius,
illud vero adulterum quod
posterius.

TERTULL.

PARIS

LOUIS HERVÉ, ÉDITEUR

RUE DU FOUR-ST.-GERMAIN, 33

1851

LES

PROPHÈTES DU PASSÉ

LES
PROPHÈTES DU PASSÉ

PAR

JULES BARBEY D'AUREVILLY

Id verum quod prius,
illud vero adulterum quod
posterius.

TERTULL.

PARIS

LOUIS HERVÉ, ÉDITEUR

RUE DU FOUR-ST.-GERMAIN, 33

—

1851

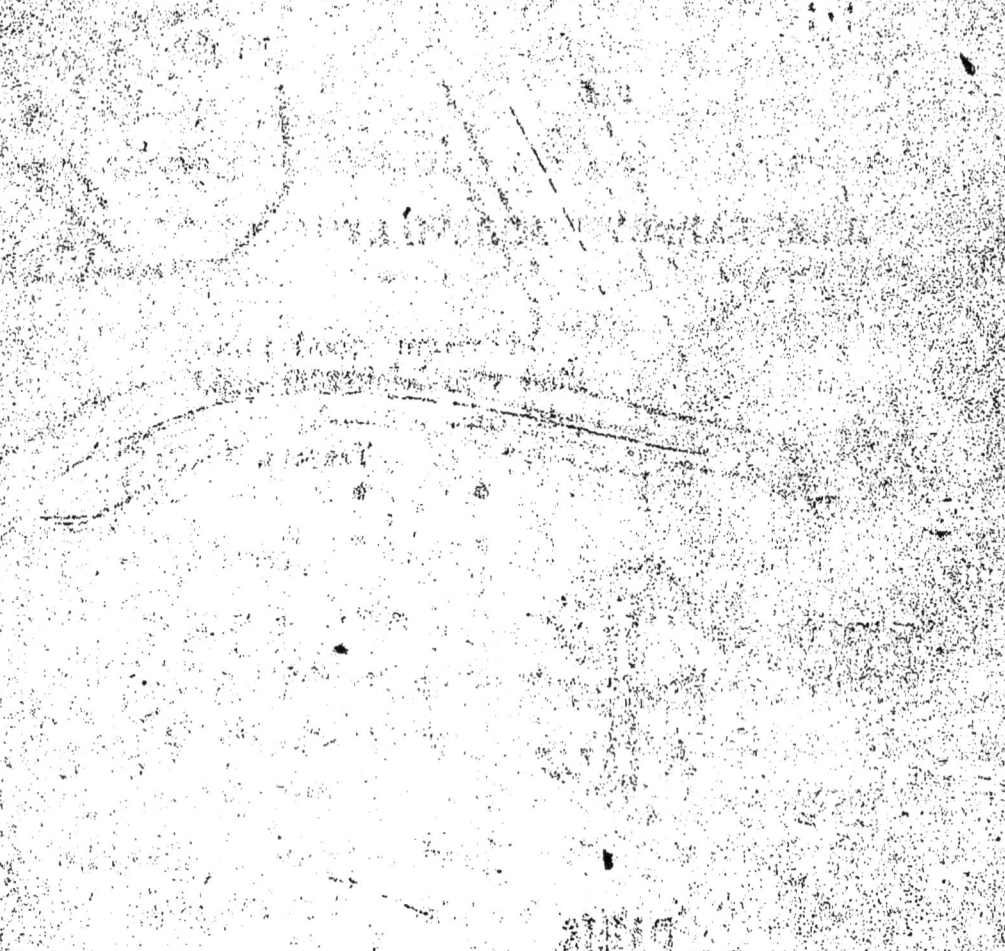

Caen, imp. de A. Hardel, Juin 1851.

A MADAME

LA BARONNE

ALMAURY DE MAISTRE.

MADAME,

Permettez-moi de Vous offrir quelques pages dans lesquelles Votre illustre Parent, — le comte Joseph de Maistre, — tient la première place. Quelle que soit l'incertaine valeur de cet écrit, le meilleur de sa destinée sera de rayonner deux fois du nom que Vous portez, et que Vous, MADAME, avez mis aussi profond dans mon cœur qu'il était haut dans ma pensée.

Laissez-moi donc l'écrire au front de ces quatre médaillons, que je Vous dédie, comme un témoignage de ma respectueuse et impérissable amitié.

J'aurais cru peu digne de Vous, MADAME, de Vous dédier un livre moins grave. Chez Vous, est-ce que la femme du monde ne cache pas la penseuse? Mot que j'aime, car il exprime bien la force de l'esprit de l'homme et la grâce molle de la femme, mais chose si rare, que ce mot-là, je crois, n'est pas français. Et puis, j'avais pour moi les analogies! Il me semblait que Vos mains, délicates et puissantes tout à la fois, comme celles de la Muse Antique, siéraient à ce livre quand elles en tourneraient les pages, et que ces sérieuses pages, à leur tour, rendraient, en les captivant, plus sérieux et plus beaux ces yeux où le feu profond de l'Intelligence brille toujours, même à travers les sourires et les larmes du Sentiment.

J.-A. BARBEY D'AUREVILLY.

Paris, janvier 1851.

INTRODUCTION.

QUELLES que soient les prétentions de la Philosophie, et la force relative des systèmes qu'elle a produits par la tête de ses plus illustres penseurs, elle n'est au fond, quand on y regarde, qu'un grand essai de méthode, incessamment repris par l'intelligence humaine pour arriver à la Vérité. Pressez, en effet, et tordez cette notion de philosophie, et vous verrez s'il en sortira jamais rien de plus, sous une forme ou sous une autre, qu'une pensée de méthode, un moyen d'investigation supérieure, une tentative de haute stratégie intellectuelle. Seulement, il importe de le reconnaître, dans ce vaste remuement d'idées et d'aperçus qui, de génération en génération, cherchent à s'élever jusqu'au niveau d'un procédé rigoureux et scientifique, les méthodes diverses inventées, — et même celles que l'histoire de la philosophie tient pour des

conquêtes, — ne conduisent pas plus à la
connaissance de la Vérité absolue, que les
expériences physiologiques les mieux faites
et les plus triomphantes ne conduisent à la
connaissance du principe vital. Arrivé à un
certain moment de son effort, à un certain
point de sa théorie, l'homme s'achoppe et se
brise ; et par là, il est démontré qu'entre son
intelligence et la Vérité, s'ouvre éternellement
un abîme sur lequel son activité peut jeter des
ponts plus ou moins hardis, mais dont la
courbe, si bien lancée qu'elle soit par des
mains puissantes, s'interrompt toujours à
moitié de sa projection. Le sol de l'histoire
n'est-il pas jonché de systèmes rompus au
plus inextricable de leurs nœuds ?... Comme
la Vérité est en elle-même, comme elle a,
dirait l'École, une existence ontologique, la
pensée ne la crée pas plus, quand elle la
conçoit, que l'observation ne crée le phénomène qu'elle constate ou qu'elle étudie. Cependant, s'il la manque dans sa plénitude,
l'homme, qui a besoin de vérité pour être ce

qu'il est, la saisit en fragments par une double apprébension de sa volonté et de son esprit ; mais ce n'est point, comme on pourrait le croire, par la virtualité propre de son effort. Au contraire, c'est parce qu'il s'appuie sur autre chose que la force d'individualité qui émerge de ses facultés. Solidarité presque divine avec le principe de son être ! l'homme ne peut toucher à la Vérité s'il n'a déjà été touché par la Vérité. Pour faire le premier pas vers elle, il faut qu'elle soit déjà en lui ! Redoublement étrange, implication mystérieuse de la vérité qui est en soi et des aptitudes substantielles de l'homme, on ne voit guère plus avant dans cette profondeur... Créature intelligente et volontaire, mais créature (ce mot-là dit tout), l'homme resterait muré dans les ténèbres de ses facultés, sombre Ugolin d'une tour de la Faim plus cruelle que la Tour de la Faim du Poëte, — car il mourrait sans enfants pour se nourrir, c'est-à-dire sans pensée, se dévorant lui-même dans l'angoisse d'une paternité impossible, — si le Créateur n'intervenait pas, par un fait de révélation quelconque, au sein de ce travail confus et déchirant qui mène si douloureusement et si imparfaitement à la Vérité sa pauvre créature tout en sueur, tout en larmes et quelquefois tout en sang! Or, il n'y a pas à discuter. Pour prendre seulement part à ce labeur qui, de nécessité, lui échet, l'homme est tenu de se placer dans les conditions de toute intelligibilité, c'est-à-dire de poser Dieu à l'origine de tout raisonnement, de toute notion, de toute idée. Et, en effet, au regard des esprits qui cherchent à s'entendre avec eux-mêmes, Dieu une seconde écarté, le chaos reprend la tête humaine; et l'on ose affirmer que si les monstruosités pouvaient être conséquentes sans cesser d'être des monstruosités, l'inepte insolent, qui nierait ou méconnaîtrait la notion de Dieu, n'aurait pas même le droit de mettre un syllogisme au service de son épouvantable négation.

Ainsi, Dieu toujours et partout, derrière

toute substance et tout phénomène ; Dieu derrière sa création pour en expliquer les deux
faces, le monde moral et le monde matériel !
Beaucoup d'esprits livrés à l'étude de la
sagesse l'ont entendu de cette façon dans tous
les temps. Mais comme, pour des raisons que
les Livres Saints expliquent seuls, et dont
l'humanité s'est un peu doutée, si l'on en
croit les fragments qui nous restent des traditions primitives ; comme la passion, l'erreur,
l'abus du libre arbitre, peuvent se mêler à
tous les actes de la pensée et de la volonté
humaine, il a dû nécessairement se rencontrer, et il s'est rencontré deux espèces de
Philosophie : la philosophie qui part de la
conception de Dieu pour arriver à l'homme et
aux Sociétés, et la philosophie qui ne veut
partir que de la connaissance de l'homme pour
s'élever à la notion supérieure de Dieu et des
lois, conséquences de son être ; la philosophie
enfin, qui éclaire les obscurités du Fini par
les clartés intelligibles de l'Infini, et celle qui,
par des raisonnements auxquels il manque

toujours des termes, croit pouvoir expliquer
le Créateur par la créature, — comme si la lumière, qui vient d'en haut, ne descendait pas
au lieu de monter, en cela semblable à l'affec-
tion *qui ne remonte jamais*, disent profondément
ces *créateurs* d'une minute, les Pères, en
parlant de leurs enfants! Si c'était la place
ici de faire l'histoire de la Philosophie, on
verrait qu'il n'y eut jamais que ces deux
philosophies dans le monde, que ces deux
grandes méthodes, que ces deux genres
d'efforts de l'esprit humain vers la Vérité,
depuis Moïse jusqu'à Aristote, et depuis Platon
jusqu'à Hegel.

Or, ces deux philosophies, qui se produisent
à toutes les époques de l'esprit humain, n'ap-
paraissent jamais dans une mesure égale,
dans un antagonisme régulier. Éternellement
face à face dans l'histoire, la Vérité et l'Erreur
ne forment point de parallèle. A chaque instant,
elles se rencontrent et se brisent... Qui ne le
sait? Tantôt c'est la conception de Dieu qui

règne et qui gouverne la pensée philosophique de toute une époque, et tantôt c'est la notion de l'homme, que dirais-je ? la *puissantialité* de l'homme, qui tient tous les esprits asservis dans une métaphysique imbécillement humaine. On peut juger alors de la terrible et égale aptitude de l'humanité pour la vérité ou pour l'erreur, et l'on peut marquer avec des philosophies, — comme on marque avec des chiffres la pente osée d'un édifice, ou l'eau montante d'un fleuve sous les arches par lesquelles il s'écoule, — les progrès de l'erreur qui monte dans l'intelligence d'un peuple, ou la magnifique inclinaison de ce peuple gravitant vers la vérité. Ainsi, par exemple, au moyen âge, quand le Catholicisme, qui implique la vérité absolue dans ce qu'il suffit à l'homme d'en connaître, était la loi de tous les esprits et de tous les cœurs, la conception de Dieu s'imposait à la réflexion générale et illuminait tous les systèmes de son éclair. L'homme *protestait* déjà pourtant (mon Dieu, il a commencé de protester dans le Paradis terrestre!). L'Hérésie répondait à la théologie, à l'orthodoxie, au grand enseignement philosophique de l'Église; l'Hérésie, c'est-à-dire plus ou moins la philosophie qui part de la notion de l'homme, et ne voit et ne conçoit Dieu qu'à travers cette notion étroite et confuse! Oui, l'Hérésie, la Bête aux mille langues, répondait; mais on savait la faire taire... Tout se tenait dans la vie sociale : la Science et le Pouvoir, le Sacerdoce et les Gouvernements. Les Institutions allaient au secours de la Vérité. L'homme défendait Dieu... Dans les temps modernes, dans les temps présents, au contraire, c'est la notion de l'homme qui a vaincu... C'est elle qui s'est emparée de la philosophie, ou pour mieux dire en disant davantage, de l'esprit général du XIXe siècle. Espèce de redoutable mort qui saisit le vif! et qui l'a saisi d'une telle force et d'une si large prise, que si Dieu n'envoie pas de ces grands esprits omnipotents, qui sont comme les thaumaturges de la pensée, et qui la frappent et la changent par les miracles du génie, il n'y aura bientôt plus moyen de la ressusciter !

Tel est le mal actuel, le mal suprême; tel le caractère distinctif et profond de la Philosophie moderne. C'est l'homme, au fond, se préférant à Dieu et se posant à sa place dans l'intelligence. C'est la notion de l'homme qui veut donner ce qu'elle ne contient pas, c'est-à-dire la notion de Dieu. Le mal n'est pas d'hier, il vient de plus loin. Il a été fait par les uns avec une préméditation criminelle, par les autres avec une affreuse innocence. La Renaissance avait gagné son nom à faire renaître le Paganisme, et son éclat avait été si beau que la séduction fut universelle. Les Sirènes antiques reprirent, dans leurs bras amollissants, le monde brisé par l'ascétisme chrétien. Sans doute, l'Église indéfectible ne chancela pas. Elle resta ce qu'elle était. Ce n'est pas la Colombe mystique dont les ailes s'étendent sur le monde, qui pouvait prendre le vertige à cette vapeur parfumée, s'élevant de la terre comme d'une cuve où bouillait le vieil Eson du Paganisme dans l'or et l'airain de Corinthe retrouvés ! Mais la Papauté, sinon l'Église, la Papauté, — il faut bien le dire, — s'enivra un instant du nectar de l'Antiquité. Léon X oublia, en lisant Platon, de lever la main qui doit frapper, et cette distraction coûta cher au monde. Le plus obscur des moines de la chrétienté prit bien son temps pour jeter le tison du Protestantisme sur l'autel. Avant cette heure de somnolence, la Papauté avait atteint l'erreur jusque dans sa source humaine, en fermant par un châtiment exterminateur la bouche coupable qui l'avait vomie, et qui pouvait recommencer de la vomir, si l'on ne savait pas la fermer. Dans ce monde où l'esprit et le corps sont unis par un indissoluble mystère, le châtiment corporel a sa raison spirituelle d'exister; car l'homme n'a pas charge, que je pense, de dédoubler la création. Eh bien, si, au lieu de brûler les écrits de Luther, dont les cendres retombèrent sur l'Europe comme

une semence, on avait brûlé Luther lui-
même (1), le monde était sauvé, au moins

(1) Luther brûlé! on va crier. Mais je ne tiens pas
essentiellement au fagot, pourvu que l'erreur soit
supprimée dans sa manifestation du moment et dans
sa manifestation continuée, c'est-à-dire l'homme qui
l'a dite ou écrite et qui l'appelle la vérité. Est-ce
trop pour les agneaux de l'anarchie qui ne bêlent que
la liberté ? Un homme du génie le plus positif qui
ait vécu depuis Machiavel, et qui n'était pas du tout
catholique, mais au contraire un peu libéral, disait
avec la brutalité d'une décision nécessaire : « Ma
politique est de tuer deux hommes, quand il le faut,
pour en sauver trois. » Cela n'est pas si mal! Or,
en tuant Luther, ce n'est point *trois hommes* qu'on
sauvait *au prix de deux* ; c'étaient des *milliers*
d'hommes au prix d'*un seul.* Du reste, il y a plus
que l'économie du sang des hommes : c'est le respect
de la conscience et de l'intelligence du genre humain. Luther faussait l'une et l'autre. Puis, quand
il y a un enseignement et une foi sociale, — c'était
le Catholicisme alors, — il faut bien les protéger et
les défendre sous peine de périr un jour ou l'autre

pour un siècle. Or, sait-on bien ce qu'un siècle de retard peut amener de déconcertements dans les affaires de l'erreur?... Ceci n'eut pas lieu. Quel que soit le jugement qu'on porte sur les éventualités qui pouvaient naître d'un pareil fait, il ne fut pas. Luther put vivre. Le principe d'examen, posé dans la conscience religieuse du monde, s'y affer-

comme Société. De là des tribunaux spéciaux, des institutions pour connaître des délits contre la foi et l'enseignement. L'Inquisition est donc de nécessité logique dans une société quelconque. D'ailleurs il n'y a pas que des prêtres qui soient des inquisiteurs ! La question de l'Inquisition a été récemment posée. Ceux qui l'attaquaient ne songeaient qu'à réveiller des passions bêtes; ceux qui la défendaient l'ont trop défendue. Il n'y avait qu'à citer le mot de Leibnitz. « Sur un axiome, disait ce grand homme, on peut élever deux problèmes tout à fait différents; de sorte qu'il faut un juge de controverse aussi bien en mathématiques qu'en théologie. » Pour honte et pour tout, peut-être voudra-t-on avoir au moins l'air de comprendre Leibnitz.

mit, puis jeta ses racines plus avant et péné-
tra dans l'intelligence. Après l'Hérésie, la
Philosophie, qui est l'Hérésie continuée, saisit
peu à peu les esprits les plus obéissants et
les plus fidèles, et ce qu'ils auraient détesté
et repoussé à l'état d'idée religieuse, ils l'ac-
ceptèrent sans défiance à l'état d'idée philosophique. C'est ici que s'ouvre la période des
grands Innocents qui ont mis la main au mal,
sans connaître, aveuglés et assourdis par
leur propre génie, quand ils en eurent, et
la fixité de leur contemplation. Descartes
parut ; Descartes, l'inventeur de la philosophie
du *Moi*, qui posa l'axiome d'une psychologie
sans issue *(cogito, ergo sum)*, et ne put jamais
sortir de ce nœud qu'il avait roulé autour de
son intelligence et qui l'étrangla, pour sa
peine, quand il s'agit de la question de Dieu !
Assurément il n'est pas permis de douter de
la foi catholique de Descartes ; l'histoire est
sur ce point sans aucun nuage. Il croyait et
il avait le prosélytisme de sa croyance. Il
contribua puissamment à la conversion de

Christine de Suède. Cependant Descartes introduisait dans la pensée philosophique de l'Europe ce que Luther avait introduit dans la pensée religieuse, et ni plus ni moins. Singulier raccourcissement dans un esprit de cette étendue, que de ne pas voir à l'avance ce que son principe portait en lui-même! Sa conscience religieuse ne murmura pas du crime intellectuel qu'il allait commettre. Les maux que produit parfois l'abstraction sont incalculables. On coupe son âme par quartiers et l'on dit: Ceci est à Dieu; ceci est à l'homme, cela est à la religion, cela à la philosophie! et l'on ne se doute pas qu'on accomplit un meurtre; on oublie que l'homme est l'unité vivante, et que ce qu'il fait au nom d'une faculté, toutes les autres facultés en répondent! Le protestantisme philosophique mêlé à l'orthodoxie, et tous deux s'embrassant dans la vie et la pensée de Descartes avec la plus inaltérable sécurité, est un de ces spectacles qui épouvantent... Ce spectacle, Descartes ne l'a pas donné seul. Le Cartésianisme a été accepté tranquil-

lement par les esprits de la plus haute orthodoxie, comme Bossuet, par exemple, l'illustre
auteur des *Variations*, le foudroyant adversaire
de Jurieu ! En vérité, pour expliquer de telles
anomalies, j'imagine que s'accomplissait dans
ces grands esprits (et à leur insu, lamentables
ténèbres !) cette séparation de l'Eglise et de
l'Etat, qui est devenue le droit public du
XIXe siècle. Abstraction vantée et placée
dans la loi pour tuer l'Eglise, et qui tuera
infailliblement l'Etat et même tuerait l'Eglise,
si l'Eglise pouvait jamais périr.

Ainsi Descartes, plus que Luther encore,
voilà le père de la Philosophie moderne. Elle
le reconnaît, du reste, pour son père, assez
haut et d'une voix assez fière. On nous a
suffisamment battu les oreilles de ce nom,
dans ces derniers temps. Quoi d'étonnant !
La philosophie du XIXe siècle, c'est le
Cogito, *ergo sum* de Descartes, manié, repris,
fécondé, poussé dans toutes ses directions,
épuisé dans toutes ses tendances, poussé jus-

qu'aux dernières limites ; passé même les dernières limites et tombé dans ce nihilisme qui
ne répond plus, et où toute philosophie qui
part de la notion de l'homme vient fatale-
ment s'engloutir. Impossible de le contester !
A l'heure qu'il est, malgré les grands mouvements de cerveau qu'on se donne, il n'y a
encore que du Cartésianisme en Europe. Les
plus habiles d'entre les raisonneurs de métaphysique ont brodé sur un canevas plus fort
que leur fil et qui l'a souvent rompu ; mais le
canevas est toujours visible sous les arabes-
ques dont il a été surchargé. Qu'on ne s'y
trompe pas ! ils n'ont fait que cela. Pour qui
est au courant de ce qu'on appelle les Idées ;
pour qui leur a quelque peu fouillé les entrailles, curieux de connaître le travail interne
et secret de ces pontes et de ces couvées monstrueuses d'Erreurs, écloses aujourd'hui parmi
les peuples, il est aisé de reconnaître le germe
du Cartésianisme au fond de tous les systèmes,
quel que soit leur nom. Il circule, en effet,
aussi bien dans l'idéalisme de Fichte que dans

celui de Berkeley ; — dans le transcendanta-
lisme de Kant que dans le panthéisme d'Hegel
ou le mystico-naturalisme de Schilling. Depuis
que la conception première de Dieu s'est retirée
de la préoccupation humaine, dans les problèmes de la Philosophie, la méthode de Descartes (et toute philosophie n'est qu'une
méthode) a donc dominé plus ou moins les
esprits les plus divers, excepté Spinosa peut-
être, ce vicieux solitaire de la Pensée, horri-
blement original, lequel eut son erreur à lui
seul (1). Je n'hésite donc pas à le dire, Des-

(1) « Dès longtemps Spinosa, dit Tennemann, avait
rencontré dans la lecture des Rabbins l'idée mère de
son système. *La philosophie de Descartes ne lui avait
servi qu'à développer cette idée d'une manière scientifique.* » Encore est-ce bien sûr ? Un esprit comme
Spinosa, à ce qu'il semble, ne prend rien à personne.
Il naît d'un seul jet, se moule d'une seule pièce, espèce
d'autochthone spirituel qui s'est fait sa propre pensée
et sa propre foi comme il s'est fait sa propre destinée.
Quoique l'idée juive morde bien profondément sur

cartes a fait, en définitive, plus de mal avec son principe de psychologie, que Bacon lui-même avec son expérimentalisme grossier. Ce dernier a produit, il est vrai, le matérialisme, c'est-à-dire la philosophie de la digestion et du fumier ; mais le premier a produit le panthéisme, qui réunit dans une seule doctrine toutes les erreurs, autrefois séparées, sur l'esprit et sur la matière : effroyable concentration,

une âme de cette race, Spinosa était avant tout Spinosa, c'est-à-dire l'homme de la cause et de la substance. C'est un génie ontologique. Descartes, lui, est essentiellement un génie psychologique. On peut voir des rapports entre Spisona et le Talmud. On voit tout ce qu'on veut dans les nuées et même dans le feu. Mais le visionnaire de la substance est et doit être une intelligence *sui generis* ; et quant à sa méthode de développement et d'exposition, c'est la logique mathématique appliquée (tout simplement !) à la philosophie, cette logique qui n'apprend pas à raisonner juste parce qu'elle empêche de raisonner faux, pour la raison qu'on n'apprend pas à nager dans un bassin de vif-argent, — dit très-spirituellement Hamilton.

miroir ardent qui brûlera le monde ! Quand les
philosophes des temps présents glorifient Descartes, ils savent bien ce qu'ils font et de quoi
ils le remercient. Ne lui doivent-ils pas tout ce
qu'ils sont et ce que les peuples qu'ils endoc-
trinent vont incessamment devenir ?

Car toute philosophie passe dans les faits.
La spéculation la plus escarpée a les pieds dans
la pratique de la vie et les principes mènent
les hommes, et les plus brutes d'entre eux,
la chaîne de la logique au cou. La notion de
Dieu ôtée de la philosophie, elle était également ôtée de la Législation, de la Politique et
des Mœurs. D'un autre côté, la notion de
l'homme, introduite dans la philosophie générale, donnait pour résultante d'autres Codes,
d'autres Institutions, une autre Morale, et la
Société était changée de fond en comble. Ceci
n'a pas eu lieu, — on le sait bien, — brusque-
ment, à tel jour et à telle heure, mais par
transitions douces d'abord, puis par précipi-
tations impétueuses. Nous sommes arrivés au

plus raide de la pente , au temps des précipi-
tations. Par un travail dont je n'ai pas à rendre
compte , la Société européenne s'est moulée ,
depuis trois siècles et demi , sur le seul concept de l'homme. Or , du concept de l'homme
on ne va pas au concept de Dieu. La route
n'existe pas. Dieu a mis l'infini entre lui et sa
créature. C'est devant l'infini divin que Descartes
a senti son génie vaincu se débattre , et que
Kant est tombé des sommets de sa *raison pure*
dans l'inconséquence de sa *raison pratique :*
misérable pusillanimité ! Non moins faible
qu'eux , instruite par eux , mais plus logique ,
parce que le dernier cri de son génie ne l'aver-
tissait pas qu'elle allait aberrer, la Société s'est
posée , tout droit , sur l'homme et a cru y
prendre son aplomb. Elle a jeté à Dieu le MOI
de Médée. Or encore , comme la partie du *Moi*
qui est le plus *Moi* , c'est la partie essentiellement mobile et qui *fuit d'une fuite infinie* l'as-
servissement de toute détermination extérieure:
en d'autres termes, comme le caprice est le degré
le plus profond de l'indépendance , la liberté

de l'homme a été et a dû être le but religieux,
politique, moral, d'une société dressée sur le
Moi. Alors on a parlé tout naturellement de la
liberté de la conscience, de la liberté de l'esprit,
de la liberté politique et de tous les genres de
liberté qui constituent l'indépendance complète
de l'homme, très-digne, en effet, d'être libre,
puisqu'il se substituait à Dieu même. Dieu
manqué, c'était bien le moins qu'il fût libre,
dans l'immense *fiasco* de sa toute-puissance !
Telle est l'histoire décharnée de faits, mais
reconnaissable au squelette, des trois derniers
siècles qui ont passé sur l'Europe. Je ne crains
point de démenti de la part de ceux qui savent
analyser la pensée. Ils peuvent s'attester, en
y regardant, si le sang spirituel de Descartes
n'a pas été charrié, en vertu d'une loi plus
mystérieuse que celle de la circulation du sang
de nos veines, dans le sang inflammatoire de
Rousseau, et si l'on n'en retrouve pas les
gouttes génératrices dans le sang plus concentré encore de ces Socialistes qui posent
hardiment la liberté, complète, intégrale, illi-

mitée de l'homme, non-seulement en face de l'État, mais en face de la Société tout entière (1). Le Socialisme donc, — qu'il le sache ou bien qu'il l'ignore, — serait le dernier mot du principe psychologique de Descartes et du principe protestant de Luther, comme la Révolution Française a été un autre mot de ces deux principes arc-boutés. Ici vient se placer, fatale comme une conséquence, la nécessité du Socialisme. Pourra-t-on l'empêcher? Ne faut-il pas qu'il soit? Ne faut-il pas que la Société, construite sur le *Moi*, qui ne veut ni de l'Autorité ni du Châtiment, ces deux *Non—Moi* terribles, ni de tout ce qui s'oppose, sous une forme ou sous une autre, au développement de son *Moi* sacré, apprenne enfin, non par la raison qui n'apprend rien, mais par les faits, ces rudes maîtres toujours obéis, si le concept de l'homme, substitué au concept de Dieu, est la notion vraie, aussi bien en philosophie qu'en appli-

(4) Lire toutes les publications de la Jeune Allemagne.

cation sociale, et si c'est cela, comme ils le disent, qui doit désormais gouverner le genre humain !

Et j'affirme que la question est là et non ailleurs. Il n'est maintenant, et il ne peut y avoir que deux thèses en présence : la thèse de l'Autorité (qui implique Dieu) avec toutes ses conséquences, et la thèse de la Liberté (qui implique l'homme sans Dieu) avec toutes les siennes. Quant à l'entre-deux, y a-t-il un front assez obtus d'impénitence finale et de stupidité pour s'élever encore, après tant d'années d'expériences, en faveur de l'entre-deux, et le Juste-Milieu, comme mot et comme chose, ne s'est-il pas irrémédiablement perdu dans un vaste mépris? L'Autorité et la Liberté, voilà donc les jouteuses pour l'empire! L'Autorité et la Liberté, voilà qui est net, voilà qui vibre, voilà qui s'entend. Si nous n'avons pas la lumière, nous avons au moins la clarté ! Je dis plus : je dis qu'il n'y a que cela qui s'entend. Le reste n'est qu'entortillement, complication, confusions, obscurités, problèmes. Tous ces rebâtisseurs de mondes, tous ces architectes d'utopies qui s'en viennent nous construire, sur la table rase d'une feuille de papier, leur petit échiquier social, nous les avons vus, nous les avons entendus, nous les avons discutés et la discussion dure encore... Mais la seule chose certaine que nous ayons retirée de ce vaste jaugeage de théories, c'est qu'eux, tous, ils appartenaient plus ou moins à la philosophie de la Liberté. Dans les masses, c'est par là qu'ils comptaient et qu'ils comptent, non par l'efforcement de leurs inventions ! Philosophes de la Liberté ! Tenez pour certain que, malgré la vigueur de leur esprit ou les combinaisons scientifiques de leurs doctrines, personne ne les a jamais considérés qu'à ce titre, et n'a voulu sérieusement en apprendre sur eux davantage !... Et en effet, les peuples, même corrompus, ont un bon sens originel qui résiste au mauvais sens de la science. Ils savent que les Mandarins profitent des Sociétés, poussent sur les Sociétés, mais ne les fondent pas. Ils n'ignorent point que le grand abus de cette piètre espèce qui croit à l'omnipotence scientifique, la vue fausse de tous ces Adams perdus d'orgueil qui veulent être *semblables à des Dieux*, et qui n'ont pas même Ève pour excuse, c'est de s'imaginer qu'on change l'ordre divin des Sociétés avec des organisations humaines ; c'est de mettre la matière tordue, travaillée, reployée sur elle-même, subjuguée enfin, rendue docile, à la place de l'esprit, qui est simple, ouvert et voyant comme le pur regard ; c'est de prendre les mille détails de l'administration pour l'unité de la politique, et la science enfin avec ses encyclopédies pour la morale et ses quatre mots sublimes : Crois, Renonce, Respecte, Obéis. Les peuples, quel que soit leur âge, n'entendent rien à tant de finesses. Il leur faut des idées plus simples et plus claires, de plain-pied avec leur intelligence : comme, par exemple, cette notion d'Autorité, qui leur vient d'en haut, forte parce qu'ils ne l'ont pas faite ; ou cette autre notion de Liberté, qui semble moins une idée, — tant elle est fulmi-

nante ! — qu'une volonté abstraite , toujours
prête à s'incarner, pour leur ruine , dans les
nerfs et le cœur des hommes !

Et comme la question est posée, — comme
les gouvernements, qui, à l'origine , pouvaient
tout faire et n'ont rien empêché, agissant en
cela contre la Souveraineté même, —comme le
Passé, cette chose évaporée, ce néant, disent-ils,
est en définitive l'entité la plus puissante , la
réalité la plus oppressive qui puisse jamais
peser sur nous, — cette question, sera résolue,
comme ces sortes de questions se résolvent ,
en donnant tout ce que les idées qui la constituent peuvent don . r. Les hommes se
trompent sur les idées, mais les idées ne
trompent pas les hommes. Tout ce qu'elles
portent dans leurs invisibles flancs en sort
toujours. Or, en fait d'idées, les filles servent
à juger la mère, quand avec elle on manqua
du premier coup d'œil. Descartes aurait aujour-
d'hui quelque ébahissement , j'imagine, en
voyant le monde tombé de ses mains ! Quant

à Luther, ce qu'il commença de voir ne le
troubla guère ; il savait mieux ce qu'il faisait.
Sa conviction religieuse avait été plus âpre
que ne devait être la conviction philosophique
de Descartes. Mais pour nous, venus bien après
ces deux semeurs de tempêtes ; pour nous, les
derniers moissonneurs de tant de désastres, de
tant de blés, versés dans l'histoire, la guerre de
Trente Ans, le Socialisme Anabaptiste, précurseur de celui qui nous attend, et la Révolution Française, sont trois *fillettes*, —
comme disait Louis XI de ses cages, — qui
nous enseignent assez nettement à quelle
souche d'erreur appartient l'idée, leur mère,
dans sa confuse profondeur, et nous avertis-
sent, aînées redoutables, de ce que seront
leurs sœurs futures. Laissons de solennels
imbéciles prouver que les mœurs ne sont
plus ce qu'elles étaient en 1793, et que les
horreurs de ce temps maudit ne sauraient
plus recommencer. La sauvegarde de mœurs
sans force n'est pas bien sûre ; et d'ailleurs
le malheur a plusieurs manières de s'abattre

sur le monde. Dieu ne se pille pas lui-même, et sait varier épouvantablement ses colères. Si les idées, — comme l'histoire l'atteste, — épuisent toute la vie qui est en elles, dans leur race; si, comme le disait Mirabeau l'Ancien, père de Mirabeau le Superbe, c'est une loi qu'il y ait des ex-créments dans toute Race, on peut se de-mander par quoi le XIX⁰ siècle finira. Seule-ment qu'importent les détails d'un drame de plus! La seule question des temps modernes sera résolue par les faits, et il est aisé de prévoir comment elle le sera. Puisqu'en fin de compte, et quoi qu'on fasse, il n'y a jamais, sous ce ciel étoilé, et dans ce fourmillement inépuisable de Sociétés, qu'un tête-à-tête éternel de l'homme et de Dieu, l'homme relèvera sa moralité, en replaçant Dieu dans sa pensée, ou il mourra de son *Moi* dilaté, qui crèvera comme une vessie immonde; mais Dieu sait seul à quels pieds sanguinolents de porcher il ordonnera de l'écraser, pour l'écraser mieux!

Ainsi Dieu , comme à l'origine, — Dieu , comme par le passé, qui conduit à lui, de marche en marche! Je ne voulais dire que cela, le plus brièvement possible, au frontispice d'un livre où l'histoire tient une si grande place, et qui s'appelle : LES PROPHÈTES DU PASSÉ (1).

(1) Ce n'est pas même un livre ; c'est un écrit tracé d'une main rapide, dans la rotation qui nous emporte, et pour cette publicité dévorante de chaque jour, semblable à cette gueule de Lion, à Venise, où chacun venait jeter ses délations. Hélas ! nos pensées sont les délations des temps actuels , sur lesquelles l'Avenir nous jugera ; — cruel conseil des Dix qui jettera aux Lagunes nos mémoires ! Je n'aurais point songé à réunir en livre ces pages flottantes, si le journal pour lequel elles furent écrites ne les avait pas interrompues, quand il s'agit de Chateaubriand, par un motif de haute prudence et de convenance pour le parti royaliste : toutes choses que je ne conçois plus. Selon moi, ce qui *convient* quand on est à l'extrémité de tout, comme nous sommes, c'est la vérité sur tout et à tous. Un ami, catholique et royaliste à ma manière,

un homme du moyen-âge perdu dans le XIXe siècle;
M. G. S. Trebutien, dont il m'est doux d'entrelacer le
nom dans mon nom, a cru qu'il serait bon de publier
mes *témérités*, et il est devenu mon éditeur. J'ai cédé
à son désir par sympathie et déférence pour une opinion aussi élevée que la sienne, et aussi parce que
c'est une idée de myope de croire qu'il y ait ici-bas
des choses tout à fait inutiles.

LES
PROPHÈTES DU PASSÉ.

I.

JOSEPH DE MAISTRE.

Il y a peu de temps, on lisait dans un ouvrage célèbre un de ces mots qui semblent n'appartenir à personne, tant ils doivent être acceptés vite par tout le monde. En parlant d'un de ces grands esprits, inflexibles comme la vérité dont ils furent les interprètes, et l'éternel honneur de ce temps qui ne les méritait pas (il s'agissait de M. de Bonald), l'auteur du livre dont il est question s'avisa de dire avec une imperti-

1

nente mélancolie : « C'était un Prophète du Passé. » Tous les échos qui vivent sur les mots qu'on leur jette, répéteront, je n'en doute pas, ce mot taillé *exprés* pour eux. Prophète du Passé ! un pareil nom entre bien dans toutes les mémoires pour en sortir chaque fois qu'on aura devant soi les œuvres imposantes de ces hommes qui cherchèrent les lois sociales là où elles sont, je veux dire dans l'étude de l'histoire et la contemplation des vérités éternelles. Ce sont les Prophètes du Passé ! Désormais, on peut l'assurer, quand on aura dit cela, tout sera dit, la cause sera entendue. Car les mots heureux sont comme les gens heureux : — on leur passe tout, même d'être absurdes, — et particulièrement en France, où la fortune des mots est presque toujours une usurpation, la place prise à une idée vraie.

Mais aussi faut-il le reconnaître : si le mot manquait de vérité, si même il exprimait une idée contraire à celle qu'il voulait exprimer, — ce qui est une honte pour un mot, — il avait de la valeur comme injure, et c'est comme injure qu'il méritera son succès. En effet, convenons-en, n'est-ce pas la plus grande, la plus sanglante que, dans l'état actuel de notre société, on puisse adresser à des penseurs de la force de ceux à qui on s'évite par là de répondre?... Je me moque bien des magnanimités de la forme, qui ne sont qu'une insulte de plus ! Mais qu'on y regarde avec attention : pour une société qui se vante d'avoir rompu avec le passé, d'avoir effacé la servile tradition de tous les sillons contemporains, et de posséder le sens nouveau du monde futur ; pour une société qui ne voit que l'avenir, qui ne parle que d'avenir, qui invente tous les matins l'avenir qu'elle refait tous les soirs, n'être qu'un Prophète du Passé, — de cette chose finie, repoussée, foulée aux

pieds, qui fut le droit, la gloire et la puissance des ancêtres, — n'être que le prophète de cette chose qui ne parle plus, —
qui se tait au fond de sa tombe, — qui n'est
pas Dieu, puisqu'elle est morte, franchement,
quelle plus mortelle injure d'intelligence à
intelligence ?... Et, malgré l'oripeau d'hy-
pocrite respect qui brille sur ce mot de
Prophètes, n'est-ce pas l'équivalent de cette
phrase sans lâcheté du moins : Ils ne furent que des esprits débiles et buttés aux
ténèbres, sans regard qui perce, sans main
qui porte ; des rabâcheurs d'idées séniles,
des remueurs de cendre dans des urnes
d'où la vie ne peut plus sortir.

Évidemment, c'est comme cela qu'il fallait l'entendre, et, d'un autre côté, personne, je crois, ne manquera à l'entendre
ainsi. Tous ont entendu et entendront désormais, sous cette dénomination de Prophètes
du Passé, une insolente mise hors la loi, en

ce qui tient à l'intelligence de l'avenir, proclamée par ceux qui croient le tenir, ce merveilleux oiseau, et l'apporter au monde dans la faible main de leurs théories. Les ennemis politiques du principe sur lequel les Prophètes du Passé ont établi leurs doctrines verront dans ce mot une condamnation pleine d'une clémence profonde, il est vrai, mais enfin une condamnation, un châtiment, une espèce de flétrissure intellectuelle. Et nous, les amis et les serviteurs de ces principes immortels qu'on voudrait remplacer par des combinaisons d'un jour, nous acceptons le mot chargé de sa réprobation et de son injure. Nous le prenons pour ces grands esprits qui ne sont pas là pour le ramasser; nous l'inscrivons sur leurs mausolées, car les plus beaux noms portés parmi les hommes sont les noms donnés par les ennemis.

Seulement, pour en finir une bonne fois

avec cette accusation dressée depuis long-
temps et redressée en toute rencontre
contre cette prétendue inaptitude des plus
grands esprits à bien comprendre l'avenir
du monde, le génie nouveau des générations,
par cela uniquement qu'ils ne purent arra-
cher leur vue du spectacle fécond de l'histoire et leur pensée du principe qui soutenait
autrefois les pouvoirs mis à bas par les
révolutions d'aujourd'hui, ne serait-il pas
curieux, piquant et instructif tout ensemble,
de montrer qu'eux seuls, après tout, ont
eu le sentiment qu'on leur refuse, cette
vue de l'avenir qui est exigée maintenant
au programme d'un homme de génie ;
qu'eux seuls, les Prophètes du Passé, ont
été les véritables prophètes ; enfin (et c'est
peut-être par là qu'il aurait fallu com-
mencer), qu'à part la grande intervention
directe de Dieu, inspirant visiblement des
hommes choisis, il n'y a pas d'autre ma-

nière *philosophique* d'être prophète que d'en appeler sans cesse aux principes qui gouvernent l'histoire et d'évoquer devant soi les expériences du passé?...

Mais qu'on le sache bien à l'avance, cette preuve qu'il me plaît de chercher et de faire par une espèce de condescendance aux préoccupations du temps présent, je ne la fais point pour l'honneur de l'esprit des hommes dont il va être question ici. Dieu, qu'ils ont servi de leur génie, les a payés d'assez de gloire pour que je n'en quête pas en leur nom une obole de plus. Assis sur les marches de leurs tombeaux, je ne tends point de casque vidé aux générations qui passent. D'ailleurs, ils n'ont jamais pensé qu'on discuterait un jour leurs titres à cette position de Prophète qui est de rigueur aujourd'hui. L'eussent-ils soupçonné, ils s'en seraient peu souciés. Joseph de Maistre, l'un d'eux (et le plus grand peut-être), qui lança tant de fois la prédiction avec la précision d'un disque, a dit quelque part avec le sourire de l'ironie : « S'il *faut* absolument *prophétiser.* » Lui ni ceux dont je le ferai suivre ne se sont drapés dans des prétentions si modernes. Leurs têtes fermes et saines n'ont point chancelé sous de telles visées. Ils savaient que, dans des desseins supérieurs à nos infirmités orgueilleuses, Dieu a gardé l'avenir en donnant le présent à l'homme, et ils étaient trop profondément religieux pour lever le voile à cette Vierge du Temps que Dieu s'est réservée. S'ils l'ont entr'ouvert quelquefois, c'est que, les yeux sur les principes d'éternelle vérité, ils ont avec la force de leurs facultés dégagé les conséquences qui en ressortaient, et montré, avec éclat, ce qu'elles devaient être quand ces principes étaient faussés ou méconnus. Voilà quels ont été leur divination et leurs augures. Il fallait la décrépitude des temps actuels pour qu'on pensât jamais à pressentir l'avenir, enveloppé dans sa mystérieuse chrysalide, autrement que ces grands esprits ne l'ont fait. Il fallait que le signe de la vieillesse des nations fût sur nous ; car il faut des prophètes aux nations vieilles, qui ont le sentiment de leur vieillesse et qui, ne pouvant se résoudre à mourir, voudraient noyer les angoisses de leur dernière heure dans toutes les ébriétés de l'avenir !

Et, de bonne foi, est-ce que cette heure n'est pas sonnée?... Pour les mâles esprits qui savent reconnaître la vérité désolante à travers leurs larmes, la France n'a-t-elle pas depuis long-temps dépassé ce point du zénith après lequel, pour les peuples comme pour l'homme, comme pour la Vie elle-même, il n'y a plus qu'une courbe à descendre et de la poussière à retrouver ? N'a-t-elle pas eu tout ce qui constitue une enfance, une jeunesse, une virilité? Et depuis quand donc les peuples sont-ils faits autrement que l'homme? La France a eu d'incomparables jours de gloire, suivis d'incomparables jours d'égarement et d'abaissement, car on s'abaisse toujours quand on s'égare. La plus grande des nations levées dans le sang mêlé du peuple romain et des Barbares, elle a parcouru le cercle qu'ont épuisé ses sœurs, les nations italiques, et ses *fautes, d'autant plus grandes qu'elle avait reçu de plus grands dons, lui ont fait refermer un peu plus vite sur elle le cercle fatal. Oui, on peut dire que par ses fautes la France a brusqué son déclin. Arrivée là, ne devait-elle pas se proclamer immortelle? C'est un fait commun aux mourants de nier la mort à la face de l'agonie. Semblable à tous les peuples expirants dont l'histoire a compté les jours et qu'elle a ensevelis, elle devait avoir ses prophètes, ses joueurs d'instruments creux et sonores, qui, comme les joueurs de flûte antiques, précèdent le cercueil des nations. Son passé évanoui, son présent perdu, parce qu'on l'avait arraché à ce passé qui en était la racine, elle devait ne plus parler que de l'avenir. Aussi prenez la littérature de ce temps, et cherchez si ce qui domine le chaos de toutes ces pensées, n'est pas l'ardente Vision de l'avenir. On a mis, je le sais, un symptôme de vie dans cette préoccupation enflammée; moi, j'y vois un symptôme de mort. Ouvrez la littérature des autres époques de notre histoire : vous n'y trouverez pas cette inquiétude des jours qui ne sont pas encore; ce besoin de se jeter en avant parce qu'on est mal à sa place; cette rêverie colossale et confuse, comme Babel, d'un monde nouveau qui va éclore sur un type inconnu aux siècles passés. Non, les peuples forts s'ajustent exactement à l'heure présente;

ils savent que chaque jour suffit à sa tâche ; ils font, pour ainsi dire, bon ménage avec leur destin. Relativement dans la vérité, puisqu'ils sont forts, et que toute force a sa raison d'être dans la raison éternelle, ils ne croient pas que cette vérité puisse se refaire, se modifier, se varier, se fuir, se chercher, se poursuivre dans des enroulements et des déroulements perpétuels. Ils ne croient pas qu'il y ait une vérité autre que celle par le fait de laquelle ils vivent et sont forts ; et, pour eux, vivre comme ils vivent, c'est déjà de l'avenir réalisé. Mais, au contraire, pour les nations usées physiologiquement par le temps et spirituellement par l'amour de l'erreur et l'abus de l'intelligence, cet avenir qui se tisse jour par jour, comme une trame à laquelle on ajoute modestement quelques fils, n'est plus qu'un méprisable ouvrage que le Génie dédaigne et que l'Or-

gueil abandonne. Elles veulent en essayer
d'un autre sans aucune analogie avec celui-
là ; et on les voit affolées de choses neuves,
croyant qu'il leur pousse des organes nouveaux, parce que Dieu leur a permis quelques
malheureuses découvertes ; préparer sur
leur métier vide une chaîne d'industrieuses
espérances que le Temps ne remplira pas.

Alors, et on le comprend, les prophètes
de cet avenir impossible s'élèvent et doivent
s'élever contre les Prophètes du Passé,
comme ils les appellent, c'est-à-dire contre
ceux qui croient que les principes régula-
teurs des sociétés ne changent pas plus que
la couleur du sang dans les veines, que son
passage dans le cœur de l'homme, que les
lois mêmes de la double nature humaine. Prophètes du Passé ! disent-ils, c'est-à-dire non
prophètes, c'est-à-dire rien du tout, moins
que rien, dans un temps où les sociétés ma-
lades des maux qu'elles se sont faits, se re-

tournent sur le dur lit de leurs songes et pres-
sent convulsivement contre leur sein quelque chimère qu'elles appellent l'Avenir :
semblables à cette pauvre insensée qui
berçait sur son cœur une bûche et croyait
bercer son enfant. Mais les aspirations d'un
siècle malade, mais les remuements de la
pensée et la clameur des espérances ne
changent rien à la nature des choses, qui
veut que les plus grands et même les *seuls*
prophètes soient ceux-là qui n'ont point
cherché la prophétie, mais qui l'ont trouvée
dans la déviation de ces principes absolus,
immanents, inexorables, hors desquels les
nations se précipitent de décadence en
décadence, avec une rigueur, une précision,
une exactitude que l'homme le moins intelligent pourrait aisément calculer.

Or, quatre de ces prophètes sans le savoir
et sans le vouloir ont surtout illustré ce
siècle qu'ils auraient désiré améliorer. Je ne

les comparerai point. Ils ne s'élevèrent pas
tous les quatre à la même hauteur. Bien
des inégalités et des différences les séparent.
L'un, par exemple, n'eut que des lueurs
rapides, tandis que les autres, d'un regard
plus dilaté par le génie, saisirent de plus
larges pans de lumière. Les deux premiers,
véritables modèles de statique intellectuelle,
ne plièrent jamais, même sous les coups de
la tempête, tandis que les deux autres
cédèrent parfois aux lâches souffles de ce
temps. Le dernier même naufragea. Ce
furent (et tout le monde les a nommés sans
doute) Joseph de Maistre, Bonald, Chateaubriand, Lamennais. Mais, quoique iné-
gaux de facultés, de vertus et de destinées,
tous les quatre, dès qu'ils s'éclairèrent aux
principes dont l'histoire n'est que l'attesta-
tion vivante, jetèrent sur le temps qui devait
les suivre de ces regards que l'événement
n'a pas encore démentis. Puisqu'on parle

tant de prophéties, je ne veux que rappeler les leurs. Puisqu'on inflige comme une injure nouvelle, parmi les hommes, ce mot de *Passé*, qui serait une consécration de respect dans une société bien faite, je montrerai que les Prophètes du Passé, comme on dit, avaient, pour toiser l'avenir en maîtres, une mesure qui manque à leurs adversaires. Il ne s'agit point ici du mérite absolu ou relatif de leurs œuvres, de ces écrits dont quelques-uns furent des actions et qui ne relèvent plus de la critique contemporaine, mais de l'histoire. Ces hommes sont morts, et leur mission de vérité accomplie. Le spectre égaré, qui se dresse encore dans les ruines de celui qui fut Lamennais, n'est pas plus la vie, que le cadavre putréfié d'un pestiféré n'est la personnalité spirituelle et sensible d'un être vivant.

Si j'avais à caractériser d'un seul trait
le génie de Joseph de Maistre, je l'appellerais, avant tout, le Génie de l'Aperçu.
Quand on lit ses œuvres, c'est d'abord
cela qui frappe ; et, quand on ferme le livre,
c'est de cela que long-temps après on reste
frappé. Bonald, Lamennais, par exemple,
révèlent des qualités différentes par l'em-
ploi de procédés différents. Ils posent des
principes, et ils les enchaînent ; ils élèvent
des édifices, ce sont des architectes de vérités. Mais de Maistre ! pourrait-on me
dire quel fut son système, et, dans le sens
humain du mot, quelle fut sa philosophie ?
Dans le sens *divin*, dans le sens des principes dominateurs de toutes les philosophies,
il en a une, je le sais, et il n'est pas difficile de la dégager de l'ensemble de ses
écrits ; mais jamais il n'a tenté d'en dresser

les assises à l'aide de toutes les organisations de la science et du raisonnement.
Possédant à un degré éminent cette faculté
de croyance qui est le premier attribut des
grands penseurs, — ou, pour dire mieux
en disant davantage, des grands hommes,
— il vit trop dans la lumière de sa foi, il
en respire trop les *a priori* sublimes, pour
contester par hypothèse et examiner philo-
sophiquement cette grande et unique vérité
de tradition qui est devenue la vérité catholique; et c'est avec ce fait indiscuté, in-
discutable, irréfragable et générateur de
tous les autres, qu'il aborde l'étude des
diverses questions sur lesquelles il a montré
toutes les flexibilités de la force.

Monté à cette hauteur, ou plutôt placé
naturellement à cette hauteur, sans y être
monté, par le fait de ses facultés supérieures,
il voyait bien, il *apercevait*. Mais pourquoi
voyait-il? pourquoi avait-il cette force de

projection visuelle, qui est de l'aperçu dans l'ordre de l'intelligence et qui semble le cachet de son génie? C'est qu'il regardait d'une bonne place. L'aigle que le vent a roulé dans un gouffre n'a plus besoin de son regard de feu; il ne lui sert que quand il plane. La sagacité de Joseph de Maistre tient plus à son point de vue qu'à sa vue même. Or, son point de vue, c'est la révélation historique, la tradition. Je me rappelle une phrase qu'il a écrite et qui est une clarté sur sa pensée. Il parle du christianisme, ce point de départ d'où il s'est élancé sur toute idée. « Depuis dix-huit siècles,
« —dit-il,—il règne sur la partie la plus
« éclairée du globe, et cette religion ne
« s'arrête pas même à cette époque antique.
« Arrivée à son fondateur, elle se noue à
« un autre ordre de choses, à une religion
« typique qui l'a précédée. L'une ne peut
« être vraie sans que l'autre le soit; l'une se

« vante de promettre ce que l'autre se vante
« de tenir : en sorte que celle-ci, par un
« enchaînement qui est un *fait visible*, re-
« monte à l'origine du monde. ELLE NAQUIT
« LE JOUR OÙ NAQUIRENT LES JOURS. » On
le voit, pour ce génie d'État, en matière de
philosophie, l'esprit humain commence par
un fait en dehors de lui-même, de ses propres jugements et de ses propres puissances.
De règles de fausse position à élever contre
Dieu, même pour la plus grande gloire de
sa démonstration, de Maistre a toujours
dédaigné d'en poser. Il est d'un trop mâle
esprit pour jouer à ces petites mathématiques innocentes. Il n'essaie pas de prouver
par le raisonnement la légitimité de la vérité enseignée ; il l'affirme, sachant qu'à
une certaine profondeur, rien ne prévaut
contre l'histoire, et que la philosophie, ré-
duite à ses seules forces psychologiques et
ontologiques, est incapable de faire autre

chose de ces vérités premières, qu'une vague probabilité (1).

(1) Pour ne citer qu'un seul exemple de cette fière
méthode abrégée de Joseph de Maistre, qu'on se
rappelle les premières pages de son plus grand livre,
le *Pape*. Il y *pose* souverainement l'infaillibilité théologique, et il en déduit aussitôt l'infaillibilité politique par l'expérience et par l'histoire, laissant pour
toute ressource à ceux qui sont piqués de la tarentule
de la discussion de s'ouvrir la tête sur les faits, si bon
leur semble. Et puisque j'ai cité le livre du *Pape*,
qu'il me soit permis d'ajouter en passant qu'il est à
lui seul sous sa forme historique, toute une Prophétie que le temps se chargera de justifier, et plus
prochainement qu'on ne croit. Les Peuples Chrétiens,
qui ne le sont actuellement que de nom et de baptême,
doivent revenir, dans un temps donné, à cette théorie
du Pape, qui est la théorie de l'unité dans le pouvoir
et qui a fait pousser à l'Erreur le cri qu'on pousse
quand on est frappé. Lorsque nous serons las, et cette
fatigue commence déjà, des pouvoirs fictifs, conven-
tionnels, et remis en question tous les matins, nous
reviendrons au pouvoir vrai, religieux, absolu, divin;

Ainsi, rien de plus vrai, en un sens, que ce mot d'Homme du Passé appliqué à Jo-

à la Théocratie exécrée, mais nécessaire et bienfaisante, ou nous sommes donc destinés à rouler, pour y périr, dans les bestialités d'un matérialisme effréné. La notion du droit devrait donc s'éteindre dans l'esprit de l'homme; car qui dit droit, dit droit absolu, et il n'y en a pas en dehors du catholicisme. Il n'y a que des convenances : or les grandes convenances font fléchir les petites, — comme certaines existences qui, tuant pour être, dévorent des existences inférieures. Le droit public ne serait plus alors qu'une question d'Anthropologie. Les droits des peuples, vis-à-vis les uns des autres, seraient leurs facultés, et l'on sait de quoi cette notion de *facultés* se compose! Ainsi, au bout de toutes les philosophies, le système du Pape de Joseph de Maistre et de toute l'Église ou le Léviathan de Hobbes! Ou le droit absolu avec son Interprète infaillible qui juge, condamne et absout, ou des luttes sans fin, sans dernier mot, sans apaisement; le vivier de sang de la force (car l'intelligence n'est qu'une force) et le pauvre Esprit humain, secoué par ses passions comme un arbre ébranché et fendu, pour

seph de Maistre. Il est du passé, en ce sens
que la notion de Dieu, cette notion première, n'est donnée, pour lui, dans sa plénitude vivifiante que par l'histoire, et que,
donnée une fois, le temps ne peut plus
changer par ses évolutions et révolutions la
loi qui en sort et qui gouverne le monde.
En partant de cette base, la seule qui ne
tremble pas sous le pied, de Maistre a un
criterium certain, absolu (tout criterium
qui manque de ces deux qualités n'étant
qu'une toise d'à-peu-près, un bâton d'a-
veugle pour sonder les fondrières du chemin), et il peut dire, comme il le dit, sans
que le prophète soit beaucoup plus qu'un
logicien : Tel fait contrarie la vérité enseignée, c'est un désordre. Il doit donc passer,

toute mesure du droit et du devoir des hommes ! Voilà
l'alternative. On verra comme le monde s'en tirera,
mais il faudra choisir.

et sur la trace de son passage, qu'il laisse beaucoup de ruines ou seulement un peu de fumée, les faits normaux, un instant contrariés ou suspendus, doivent se rétablir dans la tranquille majesté de leur force éternelle. C'est cette règle, ce criterium que de Maistre a appliqué avec la justesse du regard et la sûreté de la main à tous les faits soit historiques, soit philosophiques de son temps. Comme il est de l'essence de la philosophie, cette chercheuse d'esprit et de disputes, de discuter jusqu'à la légitimité même de la discussion, je laisserai là les faits théoriques, métaphysiques, qui sont de l'ordre de la pensée pure, et sur lesquels on peut chicaner jusqu'à l'heure où ils tombent dans les réalités de l'histoire et s'y incarnent, et je prendrai les faits historiques, devant lesquels, patents et palpables comme les faits physiques, la Philosophie n'a plus qu'à baisser ses yeux de taupe et son orgueil encore plus aveugle que ses yeux.

De tous les livres de Joseph de Maistre, le plus marqué, le plus brillant du rayon prophétique qu'on voudrait éteindre aujourd'hui sous le souffle d'un mot menteur, c'est le livre de ses *Considérations sur la France.* Écrit en 1797 et publié au moment où la France s'échappait, aveuglée de sang et hébétée de coups, de l'abattoir révolutionnaire, ce livre produisit dans la partie de ce pays qui vivait encore par la pensée, et surtout dans la haute société de l'Europe, une impression vive et profonde. Mais ce fut plus tard qu'on en reconnut la portée ; car on la mesura, cette portée, avec une mesure infaillible, celle des événements accomplis. Il se trouva qu'à dix-sept ans de distance, de Maistre les avait aperçus. Lui seul, alors comme depuis, fut plus fort que l'espérance qui commençait à renaître de

tant de désespoir, et jugea avec cette froideur de l'esprit, à qui, selon Machiavel, le monde appartient, mais à qui les choses de la pensée appartiennent bien davantage, ces organisations impuissantes d'une société lasse d'anarchie, qui cherchait à s'organiser. Écoutons ce qu'il dit, dès 1797, de la constitution de 1795 : « Y a-t-il une seule con-
« trée de l'univers où l'on ne puisse trouver
« un conseil des Cinq-Cents, un conseil des
« Anciens et cinq Directeurs ? Cette constitu-
« tion peut être présentée à toutes les asso-
« ciations humaines, depuis la Chine jusqu'à
« Genève. Mais une constitution faite pour
« toutes les nations n'est bonne pour aucune.
« C'est une pure abstraction, une œuvre
« scolastique faite pour exercer l'esprit
« d'après une hypothèse idéale... Toutes les
« raisons imaginables se réunissent donc
« pour établir que le sceau divin n'est pas
« sur cet ouvrage, qui n'est qu'un *thème*,

« et qui est déjà marqué de tous les carac-
« tères de la destruction. » Ce jugement,
tombé de si haut, les faits, à quelque temps
de là, le ramassèrent et le changèrent en vérité. De Maistre avait vu clair, mais tout près
de lui. Attendez : trois pages plus bas, il va
voir loin et non moins clair. Déjà préoc-
cupé de l'éventualité d'une restauration,
qui recula de toute l'épaisseur du règne de
Napoléon, le comte Joseph de Maistre, qui
la provoquait comme toutes les intelligences
d'ordre en Europe, écrivait ces mots, qui
furent des oracles sans en avoir l'obscurité :
« Toutes les factions réunies de la révo-
« lution française ont voulu l'avilissement,
« la destruction même du christianisme
« universel et de la monarchie : *d'où il suit*
« que tous leurs efforts n'aboutiront qu'à
« l'exaltation du christianisme et de la
« monarchie. » Certes c'était assez net ; et
cependant, au point de vue de l'ordre, en-

tendu dans ce qu'il a de plus apparent, la révolution était terminée. Elle se refaisait des institutions. Mais, pour de Maistre, l'ordre factice qui imposait à tant d'esprits n'était pas l'ordre vrai. Aussi disait-il, à quelques lignes de celles que je viens de citer : « Tout annonce que l'ordre de choses « établi en France ne peut pas durer, et « que L'INVINCIBLE NATURE DOIT RAMENER « LA MONARCHIE. »

Peu de temps après, en effet, l'invincible nature la ramenait de concert avec un autre Invincible ; et, chose digne de cette intelligence qui voyait par-dessus les événements les plus hauts, les plus inattendus, les plus escarpés aux yeux vulgaires, ce ne furent pas même les prodiges de cet autre Invincible qui empêchèrent la Restauration prévue de se produire dans les termes que l'illustre publiciste avait fixés et décrits par avance jusque dans leurs moindres détails,

Tout ce qui sait lire n'a pu oublier l'admirable chapitre IX, cette suite d'éclairs, des *Considérations sur la France*, intitulé : « Comment se fait une contre-révolution. » Les grandeurs et les folies de l'homme qui avait, en ressuscitant la monarchie, comme écrit avec son épée sous la dictée du prophète politique qui l'avait proclamée *nécessaire* et *inévitable*, ne modifièrent qu'à peine l'histoire qu'il avait tracée de si loin de la Restauration future. On le comprend. Qu'y avait ajouté cet homme qui représentait encore la Révolution, quoiqu'il se fût tourné contre elle ? Ses propres fautes et ses malheurs. La prédiction de Joseph de Maistre n'en était point affaiblie. Au contraire, elle n'en brilla que mieux, et les paroles qui l'exprimaient restèrent entières sans qu'aucun événement en effaçât seulement une lettre. Vraies avant Bonaparte, plus vraies encore depuis Bonaparte, elles semblent un arrêt de la Providence, qui étonne, quand on se reporte à sa date, les esprits les plus rompus aux prévisions politiques : « C'est donc bien en vain, disaient » ces paroles, que tant d'écrivains insistent « sur les inconvénients du rétablissement de « la monarchie ; c'est en vain qu'ils effraient « les Français sur les suites de la contre- « révolution ; et lorsqu'ils concluent de ces « inconvénients que les Français, qui les « redoutent, ne souffriront jamais le réta- « blissement de la monarchie, *ils concluent* « *très-mal;* car les Français ne délibéreront « point, et c'est peut-être de la main d'une « femmelette qu'ils recevront un roi. » La dédaigneuse expression n'était pas une injure, et l'intuition allait ici jusqu'à la nuance. Les Français ne délibérèrent point. Ils crièrent pour qu'on les délivrât, et leurs libérateurs délibérèrent. Rien donc n'a manqué à cette divination prodigieuse, pas même la femmelette; car Mme de Krüdner, qui jouait le mysticisme et n'avait pas le cœur et la tête assez grands pour le contenir, Mme de Krüdner, qui mit les petitesses de son âme dans les décisions d'Alexandre, ne serait-elle pas cette femmelette-là?...

Du reste, une vue si droite et si perçante qui aidait à sa force et la décuplait en mettant le pur milieu des principes entre elle et les événements lointains, comme la science place de merveilleux cristaux entre elle et les objets qui échappent à la faiblesse des organes humains, pour mieux les voir; cette vue éclairée, affermie, élevée à sa plus haute puissance par l'habitude de la contemplation supérieure, ne se troubla jamais, même devant ce qui trouble tant le regard des hommes, le succès. Bien au-dessus des partis et de leurs passagères fortunes, Joseph de Maistre, qu'on a cru, aux ardeurs de sa parole, en partager les passions, n'épousa aucune des illusions de la victoire quand la Restauration s'accomplit. Il *vit* qu'au lieu de *rompre* avec une révolution qui avait été elle-même une *rupture* avec la vérité et avec l'histoire, elle se nouait à cette révolution par une constitution *philosophique*, et il *prévit* ce qu'il arriverait de cette dernière, comme il était arrivé déjà à celles qui l'avaient précédée. Il ne biaisa pas sur la faute de Louis XVIII, et sur le sort de cette monarchie un instant relevée pour retomber. Deux ans après le retour en France de la maison de Bourbon, une inspiration, née déjà de beaucoup d'embarras, lui fit offrir le ministère, mais il refusa en disant qu'il était trop tard. Il sentait que la conception de l'ordre vrai pour la France sacrifiée à une égoïste et fausse politique, ne pouvait plus se réaliser, du moins par le simple *fiat* d'un homme. Quelques années plus tard, en 1821, il mourait, et, le regard toujours aussi lucide, aussi ferme : « Je meurs avec l'Europe, » disait-il. Mot cruel et lugubre ; mais franchement, depuis 1821, quel événement a montré que ce mot-là ne fût pas juste ?

Ainsi, — comme on le voit maintenant et par ses écrits et par sa vie, — ce Prophète du Passé, ainsi que diraient les insolents Nostradamus de notre âge, a toujours prévenu et annoncé l'avenir voilé qui allait suivre. Il avait, et dans ses *Considérations sur la France* et dans son *Principe générateur*, proclamé le néant des constitutions faites de main d'homme, et, coup sur coup, les faits successifs de l'histoire contemporaine lui donnèrent raison en brisant les unes après les autres ces constitutions ! Que dis-je ? l'avenir qu'il avait vu ne s'est point circonscrit dans une période de l'histoire.

La sentence de mort qu'il a portée contre les constitutions, le Temps, cette *Table de Marbre* qui rejuge les jugements humains, ne l'a point cassée. Il a frappé également l'œuvre de 1795, de 1815, de 1830, comme il frappera toutes les œuvres pareilles de fabrique humaine, estampillées du même nom. Plus tard, quand je parlerai de Chateaubriand, dont l'œil fut trop souvent ébloui par les illusions ambiantes de son époque, je montrerai que l'impossibilité de vivre, — le *petit empêchement d'être*, eût dit Fontenelle, — de ces œuvres futiles ne venait pas seulement du principe même sur lequel elles portent, mais aussi du système de gouvernement que ces constitutions créaient. Seulement pour de Maistre, ce penseur original, qui expliquait tout par l'origine, le *péché originel* suffisait. Quand une institution est vaine dans son principe, ce n'est plus qu'une ruine suspendue sur

ceux qu'elle couvre de son apparente soli-
dité. Les myopes seuls ont cru, par exemple,
le roi Charles X chassé du trône par de
vieilles rancunes contre sa noble race; mais
pour ceux qui élèvent leur regard vers des
causes plus réelles, il a été surtout chassé
par les principes mêmes consentis dans cette
Charte, qui sera jugée par nos fils, s'ils ne
sont pas aussi faibles que leurs pères, une
vile concession à l'ennemi. Louis-Philippe
n'avait point, lui, les souvenirs de sa race
à craindre. Fils de régicide, grandi sur les
genoux des clubs, libéral de ce faux libéralisme, de cette tartufferie de liberté dont
la spirituelle France a été si long-temps la
madame Pernelle et l'est encore; Louis-
Philippe, ce *roi de la halle*, a été chassé à
son tour par les gamins, fils de ces gamins
qui lui avaient donné la couronne. Mais
comme Charles X, c'était encore, au fond,
la constitution qui le chassait, ou du moins

l'esprit qui couvait dans son sein. La monarchie de 1830 a péri comme la monarchie
de 1815, parce que ni l'une ni l'autre n'était,
en fin de compte, la monarchie. Toutes les
deux sont mortes de leurs constitutions. De
Maistre avait pressenti ces ruines comme
il en a pressenti bien d'autres que la France
n'a pas vues, mais qu'elle verra... Et ne
peut-on dire qu'elle a commencé de les
voir?... Avouons que ce n'est pas trop mal
pour un homme toujours les yeux attachés
au passé, comme le lui reprochent ses adversaires. Enfin il a mérité cette gloire qu'à
plus de quarante ans de distance, un ministre d'une expérience presque séculaire,
aussi grand par la pratique et par l'action
que lui, de Maistre, l'était par la théorie
et par la pensée, conclut, après les événements, comme l'illustre écrivain avait prévu
avant qu'ils eussent éclaté. Les paroles
rapportées dernièrement du prince de Met-

ternich, à Londres (1), sont un corollaire expérimental à l'*a priori* de l'auteur des

(1) Voici les propres paroles du prince de Metternich : « Le Progrès politique, — dit-il, — suit un « cercle. Plus il marche, plus il se rapproche de son « point de départ. » C'est toute la théorie catholique qui ne conçoit pas l'homme autrement qu'il n'est ; — qui ne rêve jamais, mais qui observe toujours. Un grand esprit qui, comme le prince de Metternich, lutte avec les faits depuis quarante ans, et conclut, au nom des faits, comme les plus redoutables utopistes, au nom des idées, montre bien que l'Utopie n'est qu'une avance de la Vérité. L'Infaillibilité est pour M. de Metternich aussi nécessaire que pour Joseph de Maistre. Et ce n'est pas la seule analogie qui existe entre le grand Penseur debout et le grand Penseur assis. Tous deux, ils ont la même théorie providentielle. Tous deux croient que la Révolution de 1789 n'a été que le châtiment des Classes Élevées et que le Peuple et la Bourgeoisie doivent avoir aussi leur 1789. Après le coup de guillotine sur la tête du trop révolutionnaire Louis XVI, il doit y avoir le massacre et la faim pour les peuples révolution-

Considérations sur la France. Lorsque les Bohémiens politiques de notre époque, éclos tout à coup au gouvernement des États, comme des champignons sur du fumier, dans la nuit du 24 février 1848; lorsque tous ces poétiques diseurs de bonne aventure à la France auront pour garantie de leurs prédictions un ensemble de faits comme celui que je n'ai pu qu'indiquer dans ce chapitre, et l'adhésion à leurs prophéties d'un homme qui a depuis quarante ans la main, — et une assez puissante main, — dans

naires. L'Expiation, l'Expiation pour tous, en bas comme en haut! *Les peuples y perdront l'esprit de révolte; les Aristocraties et les Rois, l'esprit de faiblesse et d'illusion*, plus dangereux et plus honteux encore. — Telle est l'opinion d'un homme dont le long ministère fut un règne, et qui, sur la fin de sa vie toute-puissante, a trouvé la Révolution armée contre lui, parce qu'il avait mis tout son patient et calme génie à l'endormir plutôt qu'à la tuer.

les affaires de ce monde, alors... oh! alors...
je ne les croirai pas davantage, mais je me
regarderai au moins comme tenu de déduire
les raisons de mon incrédulité.

II.

DE BONALD.

« J'ai pensé tout ce que vous avez écrit,
« et j'ai écrit tout ce que vous avez pensé, »
disait l'illustre de Maistre à l'illustre Bonald, quelque temps avant de mourir. Ré-
sumé d'une laconique plénitude ; identité
de deux génies qui s'étaient étreints et
fondus dans la vérité, dans la lumière des
mêmes principes ! Rien de plus noble que
cet aveu, désintéressé de tout ce qui n'est
pas la vérité même. Pour le grand esprit
de Joseph de Maistre, en effet, une seule
chose au monde eut de l'importance, et ce
ne fut ni la personnalité du talent, ni l'originalité de l'œuvre, ni le sentiment enivrant
de sa propre force, ni le cruel partage de
la gloire, ni tous ces chers néants auxquels

tient la faible créature humaine par des nœuds si prompts à saigner; ce ne fut ni lui, ni Bonald, ni personne : ce furent les principes,—les principes, que l'homme n'a pas faits et que le mérite de sa pensée et de sa volonté est de reconnaître. Bonald les a reconnus. Il les a proclamés d'une voix dont les événements accomplis depuis trente ans n'ont pas encore épuisé la portée. A ces principes, qui étaient comme les entrailles de sa raison, Joseph de Maistre a eu la conscience de lui-même dans la conscience de Bonald; et, tout ému de sentir son être intellectuel élargi dans un autre être, sa conviction palpiter dans une autre conviction aussi puissante que la sienne, heureux, il le lui écrivit, quoiqu'il ne l'eût jamais vu, non pour le louer en l'égalant à lui, ou se louer lui-même en s'identifiant avec un autre, mais pour glorifier les idées auxquelles tous les deux avaient foi.

Bonald vient donc après de Maistre, quoiqu'à côté de lui, dans le dénombrement de ces Prophètes du Passé que j'ai choisis comme des répliques immortelles aux injures des Visionnaires de l'avenir. Bonald, comme de Maistre, les a méritées, et ce n'est pas d'hier qu'ils ont eu l'honneur l'un et l'autre des mépris de leurs adversaires. Qu'on descende de quelques degrés dans l'histoire de la pensée contemporaine, on verra si l'incrédule injure ne date pas du même jour que la prophétie. Toutes les philosophies, — car l'Erreur, dragon à mille têtes, est un monstre multiple, — toutes les philosophies qui ont passé sur l'esprit de la génération actuelle, et ont brisé un peu davantage ce débile enfant d'une société qui n'en peut plus, et la philosophie écossaise, et la philosophie allemande, et la philosophie matérialiste, et la philosophie éclectique ont, pendant vingt-cinq ans, refusé dédaigneusement à Joseph de Maistre, à Bonald, à plusieurs autres, à toute l'*école catholique* enfin (pour parler l'affreux jargon de ces philosophies), la puissance d'observation, de découverte, d'intuition supérieure, qui marque les systèmes, ainsi que les hommes, du caractère souverain de la vérité. Cela se comprend. En philosophie, en politique, en toute science (j'excepte la morale), voir, avoir vu, discerner, est le fait suprême, incontestable, dominateur. C'était donc ce fait qu'on devait nier aux hommes de la Tradition religieuse, qui asseoient leur philosophie sur la base d'une Révélation divine. Aussi était-il passé en force de chose jugée qu'*ils ne voyaient pas.* La faculté qui sert à saisir le vrai dans les choses, les hommes, le temps, ils ne l'avaient plus. L'esprit humain, dont la langue philosophique moderne a fait un coureur, je ne sais trop pourquoi, *mar-*

chait, volait à leurs côtés, ils ne s'en apercevaient même pas! Ils n'étaient que les archéologues de la pensée, que des métaphysiciens égarés, sans profondeur et sans génie. Si parfois, ému d'une page éloquente, on avait la générosité de leur accorder le don d'écrire; si même on leur reconnaissait une certaine autorité de logique qui, après tout, comme les six laquais de Pascal, se faisait nettement respecter et abrégeait le débat, — c'est qu'en fin de compte, le don d'écrire peut être au service d'une intelligence aveugle, et que la logique, — *cette clef avec laquelle on n'entre jamais que chez soi,* — ne mène les hommes que là où ils veulent bien se laisser conduire.

De telles concessions étaient sans danger et semblaient impartiales! Impartiales! cette qualité si recherchée des Sociétés sans conviction! Mais la vue, mais la sûreté du regard, cette pénétration formidable aux doctrines et aux hommes : voilà ce qu'il ne fallait jamais consentir, voilà ce qu'ils n'avaient point, *ce que ne pouvaient avoir* ceux-là qu'on devait appeler plus tard les Prophètes du Passé, ces esprits *arriérés* qui maintiennent que la vérité politique, comme toutes les vérités dont les Sociétés ont besoin pour vivre, est divine, révélée, enseignée, apprise, par conséquent éternelle, par conséquent immobile, et devant laquelle l'homme s'agite, passe et recule, en appelant dans sa manie cette vaine agitation « du progrès ! » Eh bien ! j'ai montré ce qu'une telle prétention fut contre Joseph de Maistre ; je montrerai ce qu'elle est contre son frère d'armes intellectuel, le vicomte de Bonald, son inférieur, je le reconnais, s'il s'agit de ces toutes-puissantes facultés, qui ravissent l'homme et l'enlèvent en le saisissant par tous les côtés où il est intelligent et sensible, mais son égal par la

pensée; son égal, s'il n'y avait en l'homme
que l'auguste faculté de la raison. Personne
plus que Bonald, — pas même de Maistre,
et j'ai montré si ce Prophète du Passé avait
été réellement un prophète, — n'a vu
mieux ce que renfermaient et gardaient à
l'avenir les faits et les opinions de son
époque. Prophète aussi à sa manière,
comme son célèbre contemporain, il a
porté, sur la société de son temps, un regard
profond, concentré, chargé de cette attention qui s'amasse et qui finit par produire
la foudre de la réflexion. Ce n'est point là
l'œil fier, illuminé, rapide, éclatant d'a-
gression soudaine et victorieuse de l'auteur
des *Considérations sur la France*; mais s'il
brille moins de la flamme inspirée, Bonald
appuie si bien le sien sur les choses, qu'il
les voit jusqu'au fond, malgré leurs ténèbres
naturelles et leurs plus tenaces résistances.
Il a le génie de la Pénétration réfléchie,

comme de Maistre le génie instantané de
l'Aperçu.

D'ailleurs, je l'ai dit déjà, ils diffèrent de
tout point, excepté de croyance ; ils se sont
rencontrés dans la foi. Supérieure à tout
dans les âmes, cette croyance, cette foi que
les Allemands appelleraient *supernaturaliste*,
et que nous appelons, nous, en français,
la foi chrétienne ; ce dernier mot de la
nature divine à la nature humaine, dit
plus distinctement dans les grands esprits,
parce qu'ils sont plus près de Dieu, par la
pensée, que les autres hommes, Bonald,
avec ses tendances plus métaphysiques que
de Maistre, en a fait une loi scientifique.
Il l'a doublée sans la transformer. Il a su
tailler dans cette divine étoffe un système.
La *Législation primitive*, démontrée par
l'impossibilité absolue où se trouve l'homme
de créer sa langue pour *penser ce qu'il pense*,
est un livre rigoureusement philosophique,

écrit pour les superstitieux du raisonnement,
qui tiennent en estime les choses de la philosophie ; mais la force réelle de ce livre,
aux yeux des hommes plus hauts que les
formes syllogistiques du langage, c'est de
plonger à mi-corps et par les racines dans
l'histoire, cette source de tout pour l'esprit
humain. J'appellerais volontiers un pareil
ouvrage : la preuve faite par la métaphysique de la nécessité d'une révélation. D'une
ordonnance presque géométrique, vaste
de déduction en même temps que sévère,
la *Législation primitive*, dont les autres livres
de Bonald sont des corollaires, contient en
germe toutes les opinions qui composèrent
la longue vie intellectuelle de son auteur.
Qui ne sait que le propre de toute œuvre
rigoureusement systématique est de tenir,
en quelque degré, l'esprit qui l'a conçue
dans un éternel esclavage ? Seulement,
pour Bonald, un tel esclavage fut fécond.

Partout donc où je vais le rencontrer, soit dans ses œuvres philosophiques, soit dans ses écrits politiques ou littéraires, soit dans sa vie active, car il fut mêlé au gouvernement de son temps, — et ce ne fut point un homme, qui, comme le philosophe Kant, par exemple, se dispensa de vivre parce qu'il avait à penser, — ce sera toujours l'auteur de la *Législation primitive* que j'aurai devant les yeux. Impossible de l'oublier! Je n'ai point à analyser ce système; mais je devais rappeler ce qu'il est, afin de montrer que le vicomte de Bonald, — comme le comte de Maistre, — a pris son point de vue dans ce passé, *gros de l'avenir*, disait Leibnitz, et dont les hommes de notre temps ne se détournent que parce qu'au bout, en le remontant, on trouve Dieu!

Et d'abord, commençons par le reconnaître : ce n'est point dans un de ses écrits,

4

mais dans tous, que Bonald a souvent dégagé l'avenir des faits qui l'enveloppent, avec la rigueur du mathématicien qui fait jaillir l'inconnue algébrique des deux termes rapprochés de l'équation. Quand j'ai parlé de Joseph de Maistre, j'ai principalement insisté sur son *Principe générateur* et ses *Considérations sur la France* ; mais pour Bonald il n'y a point de réserve à faire : la prophétie brille sur toutes les pages de ses livres, distincte, explicite et si rayonnante de netteté, que, comme une lumière victorieuse, elle traverserait les paupières de l'esprit les plus fermées par l'obstination ou la mauvaise foi.

Dès les premières idées sorties de cet esprit, qui ne changea pas sous prétexte de se développer, qui n'erra pas avant de se fixer, comme les clignotantes intelligences de cet âge de doute, qui s'en vont cherchant leur chemin avec leurs deux mains contre tous les murs, on reconnaît l'esprit perçant qui discerne avec une telle acuité, qu'on s'imaginerait qu'il devine. Ouvrez, par exemple, la brochure sur les traités de Westphalie et de Campo-Formio, et l'écrit intitulé *De l'État de l'Europe*, publié, je crois, en l'an IX. Et pourtant, il y a mieux encore : en 1794, Bonald avait annoncé avec une sagacité que les événements, les uns après les autres, démontrèrent, « les malheurs qui devaient fondre sur la Suisse, la faiblesse *réelle* de cette société, malgré la réputation de force que quelques faits d'armes et les *philosophes* lui avaient créée, l'inconsidération où Venise tomberait iné- vitablement, les dangers qui se produiraient un jour contre la Confédération germanique, les embarras intérieurs de l'Angleterre, la chute de la Turquie, la séparation des Pays-Bas et de la maison d'Autriche, et

même l'accroissement de la maison de
Sardaigne (1). »

(1) Oui, les Événements le démontrèrent. Mais la
sagacité du vicomte de Bonald était une Intussus-
ception si profonde de la *Raison suffisante* des faits,
que les Événements annoncés arrivèrent, et, qu'on y
prenne garde! non pour passer, mais pour s'établir.
La loi cachée dans les faits, comme la pulpe dans
le fruit, la loi découverte par Bonald quand les faits
qui l'enveloppaient germaient encore, n'a pas manqué
de produire d'une manière immanente tout ce qu'elle
devait produire, sans que le temps ou l'effort des
volontés humaines l'aient déconcertée, cette loi, ou
stérilisée un seul jour! Plus d'un demi-siècle a
passé, avec sa poussière fécondante, qui fait lever
des forêts de choses dans le monde métamorphosé, et
toute cette poussière n'a pas plus enterré la prophétie,
que le sable n'enterre au désert l'obélisque qu'il
fouette de ses tourbillons. Voyez, en effet! Où en est
la Suisse, à cette heure, la Suisse destinée à ne
trouver le calme et l'unité, que dans les plans laissés
par Bombelles à son cabinet pour être prochainement
réalisés? Où en est Venise? où en est l'Allemagne?

Ce n'est pas tout. En 1794, — l'époque est remarquable, — en 1794, c'est-à-dire TROIS ANS avant que Joseph de Maistre eût publié

Les *embarras intérieurs* de l'Angleterre se multiplient de chaque révolution continentale. Le Chartisme, assis sur la côte qui regarde la France, attend le Socialisme pour lui faciliter l'abordage. La Turquie, comme le corps du Damné, dévoré par le Satan de l'Enfer du Dante, a la tête dans la vaste bouche du Géant Russe, et l'on ne voit déjà plus que ses pieds impuissants qui s'agitent. Malgré la force renouvelée de l'Autriche, riche maintenant à elle seule de plus de grands caractères, que toute l'Europe ensemble, la séparation des Pays-Bas subsistera sous la double garantie, pour le monde, de l'esprit monarchique et de l'influence sacerdotale. Quant à l'accroissement de la maison de Sardaigne,... il s'est arrêté comme le feu qui se replie, avant de s'éteindre. L'Autriche, qui a pris la tête de pont de toutes les questions en Europe, est encore là ; mais l'accroissement n'a cessé que grâce à des idées tenues pour des erreurs par le vicomte de Bonald. L'encre avec laquelle il écrivait en 1794 n'a pas séché.

son livre sibyllin des *Considérations sur la France*, Bonald osait ne pas désespérer de ce pays régicide, et découvrait, dans la poussière imbibée de sang de son ancienne constitution monarchique, le principe sauveur d'une restauration. Sur ce point, il faut le reconnaître, Bonald fut le précurseur de Joseph de Maistre. Acceptée donc, non comme une espérance du Sentiment, mais comme une certitude de l'Intelligence, l'idée d'une Restauration cohabita désormais en Bonald avec une pensée qui était patiente, parce qu'elle était prévoyante, et pour laquelle une pareille idée, nécessaire comme le résultat d'un calcul, avait l'autorité d'un fait accompli. Aussi, à dix ans de la fameuse déclaration signée et publiée le 25 décembre 1814 à Saint-Pétersbourg, l'anniversaire de la naissance de N.-S. Jésus-Christ, qui aurait pu et dû être la résurrection du christianisme en Europe, pour

les gouvernements et les peuples, Bonald,
sûr de l'axiôme moral qu'une chose nécessaire arrive toujours, n'importe l'heure,
écrivait d'une plume inflexible qui n'entendait à rien qu'à la vérité, ces paroles, que
les événements rendirent, hélas! préma-
turées : « La Révolution a commencé par
« la déclaration des droits de l'homme,
« elle ne sera finie que par la déclaration
« des droits de Dieu. » Mot d'une si grande
portée, qu'il passa par-dessus la tête de ces
gouvernements schismatiques, hérétiques,
philosophiques, qui croyaient pouvoir refaire la Société avec de la force, et n'admet-
taient Dieu que comme l'effigie d'un contrôle
dans leurs actes de chancellerie; mais mot
si vrai, que tout à l'heure encore il est la
loi et le salut de l'avenir! Nous le savons,
nous, venus quinze ans plus tard : le rétablissement de l'ordre sorti de la Coalition
et les traités de la Sainte-Alliance, qui

avaient pour prétention de le conserver, ont été des actes sans profondeur et sans efficacité réelle. Quand on les médite, le mot de Catherine de Médicis à Charles IX revient à la mémoire : « C'est bien coupé, mon fils, mais il faut coudre. » On ne le sut pas. Même l'intérêt épouvanté de leur existence ne guérit pas les gouvernements de la vieille maladie morale qu'ils avaient donnée à leurs peuples, et que les peuples leur avaient rendue avec d'horribles phénomènes et des complications de plus. Or, on ne laisse point impunément échapper de pareilles minutes en histoire. La Révolution terrassée vivait sous les pieds de ses ennemis. Un jour ces pieds se fatiguèrent. Elle se releva, se mit debout droite et menaçante, plus forte, comme tout ce qu'on n'a pas su briser, d'avoir été un instant comprimée. Elle fascina les gouvernements plus qu'elle ne les vainquit, car ils ne voulurent pas

se défendre. Ramollis par le scepticisme
universel, n'ayant plus en leur droit la
croyance profonde qui seule pouvait le
sauver, avec cette pitié raccourcie et gros-
sière des sociétés matérialistes, qui, comme
les femmes nerveuses, ne supportent pas la
vue d'un peu de sang répandu, ils s'imagi-
nèrent que la sainteté du droit pesait moins
dans les balances de la Justice Éternelle que
quelques gouttes de ce liquide révolté. Bonald
ne l'avait-il pas pressenti quand il écrivait:
« Il est moins difficile de gouverner les
« hommes qu'on ne pense. Il suffit d'avoir
« une volonté positive appliquée à un but
« certain..... Malheureusement on aperçoit
« dans toute l'Europe une volonté négative
« qui sait très-bien ce qu'elle ne veut pas,
« mais qui ne sait pas ce qu'elle veut. » —
« Que les rois sont forts, avait-il dit en-
« core, quand ils savent de qui ils sont,
« par qui ils sont et pourquoi ils sont! »

Du temps de Bonald, ils l'avaient oublié, et cet oubli leur a été assez funeste. Du nôtre, le rapprendront-ils?

Ainsi, on le voit, ce grand penseur, cet esprit politique accompli, ne se prit pas plus que Joseph de Maistre à cette Restauration manquée qui devait être une révolution monarchique et non pas l'avortement d'une réaction,— une révolution inexorable et complète; car il fallait remettre en haut ce qu'on avait mis en bas, et en bas ce qu'on avait placé en haut, c'est-à-dire chaque chose à sa place. En effet, on ne répond jamais à une révolution accomplie que par une autre révolution; le secret de la politique ne demandant pas tant de génie pour le trouver, puisqu'il est tout entier dans le renversement, dans le contre-pied de la politique des ennemis. C'est dans ce sens qu'il faut comprendre un mot superbe de Thucydide, que j'ai cru long-temps profond

de mépris, et qui est profond de sagesse:
« Les génies les plus médiocres, dit-il, sont
« les plus propres au gouvernement. »
L'impuissante réaction de 1815 trouva
Bonald calme et sans espoir. Il n'eut aucune
confiance à la durée des choses qu'on fon-
dait, à cette Charte qui n'était qu'une *cotte
mal taillée* entre la Révolution et la Monarchie. Il eut, comme de Maistre, des accents
funèbres. *Il fait nuit en Europe*, dit-il quelque part. *Est-ce que la société aurait rendu
l'âme?* Seulement comme il était Français,
et qu'il avait, en sa double qualité de gentil-
homme et de royaliste, des devoirs à rem-
plir envers cette antique maison de Bourbon,
qui peut se tromper et périr, mais que nous
devons servir jusqu'à sa dernière heure,
lui, l'homme du principe de la monarchie,
lui qui ne voyait dans la société de l'État
que l'extension du principe qui gouvernait
la famille, il se demanda comment on

pourrait sauver ce reste vivant et défiguré de Monarchie que les rois, couronne en tête, traînaient à l'abîme.

Quoique impie à ce système de transaction qui n'a pas sauvé les Stuarts, et qui, depuis Henri IV le Poignardé, passe pour le chef-d'œuvre de la politique, et n'est, selon moi, que le chef-d'œuvre de l'ingratitude, de l'inintelligence ou de la lâcheté; quoique plus radicalement impie encore à un genre de constitution qu'il avait plusieurs fois jugé de si haut et qu'il regardait comme une erreur, il accepta la Charte, *parce que le roi l'avait donnée*, — comme il le dit franchement à la chambre des Députés dont il faisait partie, le 30 décembre 1816; — mais il l'accepta pour neutraliser, par une bonne loi d'élection, les principes et les dangers que cette charte portait en elle. L'exemple de l'Angleterre, qui a aussi au fond de sa constitution le principe démo-

cratique dont elle sera plus tard la victime,
et qui n'échappe à la mort cachée dans son
cœur depuis tant d'années, comme un
homme attaqué d'anévrisme, que par le
fait de ses mœurs monarchiques, victorieuses
même de ses lois, paraissait au vicomte de
Bonald pouvoir être suivi par la France. A
ses yeux experts, s'il y avait encore une
ressource pour la Monarchie, c'était celle-
là. Aussi fit-il des efforts immenses, les
efforts d'un homme qui sent que la question
qu'il remue est le va-tout de son pays,
pour établir une loi d'élection par laquelle
le pouvoir, l'influence, la fonction politique
appartinssent à la haute propriété, en pro-
portion de son importance dans cette
France, du moins géométriquement monarchique, si elle ne l'était plus par les sentiments, et dont la force est avant tout
territoriale. Je n'ai point à détailler ici les
travaux législatifs du vicomte de Bonald;

mais il est bon, — et plus que jamais à cette
heure où les droits de la propriété sont à
leur tour battus, sur l'aire des questions
sociales, par le fléau démocratique qui ne
cessera de battre que quand il aura tout
pulvérisé, — de rappeler les paroles de
ce Prophète du Passé, qu'on n'a pas plus
écouté que les autres prophètes, mais qu'on
doit entendre maintenant : « La question
« que vous discutez, — dit-il en finissant
un discours dont l'éloquence ne s'est pas
évaporée parce qu'elle venait de la substance de la raison, — occupe et agite en ce
« moment toute l'Europe... l'Europe pro-
« priétaire, cette Europe politique et re-
« ligieuse, qui n'est pas tout à fait l'Europe
« des sociétés secrètes, des comptoirs, des
« universités et des académies. Si, par des
« lois nées des habitudes révolutionnaires,
« et dont l'*exécution, soyez-en sûrs, sera plus*
« *révolutionnaire encore*, en même temps

« que vous appelez de droit à l'élection la
« nombreuse classe des petits et des moyens
« propriétaires, vous excluez de fait les
« chefs de la propriété, et les plus intéressés
« à l'ordre et à la stabilité de la société ;
« si dans cette armée de propriétaires,
« destinée à la défendre de l'irruption des
« prolétaires, et dont les grands proprié-
« taires sont les chefs naturels, vous placez
« l'autorité dans les mains des simples
« soldats, vous continuez, en en laissant
« subsister le principe, les doctrines et les
« gouvernements révolutionnaires, et vous
« comblez, en les prolongeant, les malheurs
« et les désordres de l'Europe.. Si, au
« contraire, faisant concourir à l'élection
« la corporation toujours bonne, à la place
« de l'individu souvent mauvais, la faisant
« partir de la commune pour arriver au
« département et au royaume, vous en
« constituez le droit et l'exercice dans

« l'ordre naturel où la société elle-même
« l'a constitué, vous aurez peut-être... il
« faut courir la chance de ce terrible dan-
« ger... quelques comtes et quelques ba-
« rons, mais vous aurez aussi des grands pro-
« priétaires qui auront les connaissances,
« les habitudes, les intérêts, les vertus
« politiques, que donne même aux moins
« vertueux la grande propriété, et vous
« rasseoirez la société européenne sur ses
« antiques fondements, indestructibles
« comme la nature, qui survivent même
« aux révolutions, prêts à recevoir des
« constructions régulières, ou, comme
« ceux d'un temple célèbre, à engloutir
« les imprudents constructeurs qui tente-
« raient d'y élever un édifice que la nature
« repousse comme la société. Pensez-y, et
« pour la France, et pour l'Europe, et
« pour vous-mêmes! » S'il y a encore
debout quelque part des hommes qui aient

entendu ces foudroyantes paroles, physi-
quement et sans les comprendre, alors que
le vicomte de Bonald, comme un antique Au-
gure, les prononçait à la tribune française,
qu'ils fassent un retour sur eux-mêmes, et
se demandent, en présence des faits qui
nous cernent aujourd'hui de toutes parts, si
pour la France, pour l'Europe, pour eux-
mêmes, ils y ont vraiment assez pensé !

Non, ils n'y pensèrent pas ! L'opinion
publique, que le gouvernement ne savait
pas diriger, mais qui bientôt, au contraire,
par un bouleversement des notions les plus
simples du sens commun, dirigea le gouvernement et le tourna à ses caprices, repoussa
les idées d'un homme qui croyait que la
position topographique et géographique
d'un pays, la nature de ses richesses et un
long et magnifique passé entraient bien
pour quelque chose dans sa destinée. Le
siècle jeune alors, et qui avait toutes les

fatuités de son adolescence, se détourna
de cet *ultra*, comme disaient les passions
du temps, de cet *absolutiste* qui parlait et
voulait, thaumaturge insensé, ressusciter
ce qui n'était plus. Vieillard fourvoyé dans
les ruines de l'histoire, croyait-on, espèce
de Janus mutilé qui, de son double visage,
n'avait conservé que la face qui regarde
tristement la nuit ! Choses et hommes con-
tinuèrent, pendant des années, d'aller leur
train de perdition. Les classes moyennes
firent des lois, non pour le pays, mais pour
elles. Il y eut un certain moment où toutes
les individualités de France se révoltèrent
avec une horreur imbécile contre la loi du
droit d'aînesse, lequel, au point de vue supérieur de la société, est juste comme le
droit de vivre. Dans cette mobilité d'institutions et de mœurs que tend à créer la
Démocratie, avec ses remaniements perpétuels, ses progrès sans arrêt et sans fin, on

ne se doutait pas que ce qui arriverait un
jour ou l'autre serait, non un petit changement politique de plus, mais un renversement de Société.

Tel est l'avenir, enfin échu aujourd'hui,
que Bonald avait essayé de rendre impossible. Il avait, dans tous ses ouvrages, posé
comme fondamentale la constitution de la
famille. Il avait prouvé que la Démocratie,
quand elle ne s'équilibre pas, comme en
Angleterre, avec des mœurs monarchiques
qui la contiennent, — et même, avait-il
observé, une telle combinaison, un équilibre
si délicat n'ont été produits en Angleterre
qu'à force de temps, qu'on ne remplace pas ;
de dissensions et de malheurs : — il avait
prouvé, dis-je, que cette Démocratie était
un désordre aussi profond, une aberration
aussi lamentable, que si les enfants exer-
çaient l'autorité dans la société domestique.
De ces principes éternels pour toute asso-

ciation humaine, il était descendu à l'intérêt
de la France, et il avait démontré que cet
intérêt, bien entendu, était éminemment
propriétaire, territorial, foncier. Il s'était
moqué de la *furieuse tendance des temps*
actuels vers les gouvernements populaires,
si l'on peut appeler une moquerie ce triste
sourire de l'homme supérieur qu'avait saint
Bernard, quand il parlait de la *chimère de*
son siècle. Il avait donc conclu rigoureusement contre tout le monde, et conclu, en
somme, ce que personne ne voyait. Qui,
en effet, dans cette Europe raffermie en
1816, estimait que la famille pût un jour
être menacée? Et pourtant, à quelque
temps de là, ses liens déjà se relâchèrent, sa
constitution fut affaiblie; car les idées modernes de progrès engendrent nécessairement l'involontaire mépris des vieillards,
et les vieillards sont tous des pères! Qui,
en 1816, croyait encore qu'on pût détruire

la propriété ? Et pourtant, en 1850, voici le principe de propriété mis en question avec une netteté assez audacieuse ! Et s'il n'y avait pour l'attaquer à masque ouvert qu'un de ces sophistes comme il en pousse dans le détritus de toutes les sociétés finies ; que cet homme trop célèbre, par exemple, qui a dégradé le talent en sa personne, et qu'on devrait châtier du crime de sa renommée en n'écrivant jamais son nom, nous eussions montré à nos enfants comme une curiosité funeste ce monstrueux Ilote de l'esprit humain, afin de leur apprendre de quel côté tombe la Pensée quand elle est enivrée par l'Orgueil, et cela aurait été tout... Mais il n'y a pas qu'un seul homme qui soit venu se ruer contre le principe sacré de la vie des peuples ; il y en a d'autres qui se sont levés, et il y en a des milliers d'autres qui continueront à se lever.

Bonald ?, savait en 1816, et la Démocratie jouissait d'une sécurité aussi profonde que son aveuglement. Pendant qu'elle ne se préoccupait que des petits triomphes de la vanité dont elle est faite, Bonald défendait déjà la famille, la propriété, ces deux axes du monde moral et politique connu, et il les couvrait d'une intelligence si grandement avisée, que tous les arguments qu'il a donnés pour les sauver, que toutes les considérations qu'il a fait valoir pour les fortifier, sont vivantes, armées, omnipotentes, comme la raison qui les dicta, et que de ceux-là qui, en ces temps d'alarmes, ont senti l'intérêt crier au fond de leurs cœurs, au milieu du silence de tous les principes méconnus, aucun n'a trouvé de terreur assez féconde dans son âme pour inventer un argument qui surpassât ou égalât seulement les siens !

En vérité, quand on jauge cette vie

puissante, quand on sonde et que l'on
écume le double courant de la pensée
d'un seul homme également fort dans
l'abstraction et dans la réalité, et qu'on y
découvre ce que je viens de rapporter
en quelques mots, on se demande si le
regard pouvait aller plus loin devant soi,
et si Joseph de Maistre ne fut pas lui-même,
en prévoyance, en instinct d'avenir, dépassé et vaincu par son noble ami de
Bonald. Du reste, je ne sache personne,
même parmi les génies supérieurs à ce
dernier, soit comme homme d'État, soit
comme philosophe, qui ait eu la prescience
de l'événement caché par le temps à un
aussi remarquable degré. Qu'on choisisse
celui que l'on voudra et que l'on compare !
Certes ! Leibnitz est un bien grand homme.
Il a une étendue d'intelligence qui con-
fond, une opulence de tête, une immensité
d'aptitudes qui font de lui le plus beau génie

des temps modernes. Eh bien, Leibnitz, je n'hésite point à le dire, n'a pas eu des discernements d'avenir aussi distincts que de Bonald. Il est vrai aussi qu'il appartenait à une époque où les conséquences des principes posés ne se voyaient pas au jour terrible des applications qui en avaient été faites. Or, à égalité de regard, on voit mieux le fond de l'abîme, quand on se penche sur sa profondeur, que quand on est loin de ses bords. Seulement l'explication d'un fait n'en change pas la nature. Bonald A VU. Je n'ai point à considérer son esprit sous tous ses angles, et à en mesurer l'élévation ou l'écartement; je n'ai à montrer que la longueur de son coup-d'œil. Et d'ailleurs, faut-il le répéter ? dans cette Étude, plus haute que les hommes, il s'agit bien moins de la valeur individuelle de l'intelligence de chacun d'eux que des principes qui l'ont dirigée, que de la Vérité absolue, du *dictamen* de l'histoire, c'est-à-dire que du Passé même, dans les Prophètes du Passé.

Car tout est là, — il n'est plus permis de s'y méprendre, dans le face-à-face universel des doctrines qui se regardent, et qui sera peut-être demain le face-à-face du combat, — le Passé (nous venons d'étudier ses interprètes) est-il donc une chose privée de vérité, de lumière, d'enseignement, qu'il ne faille plus invoquer qu'avec un mépris outrageant, ou, ce qui est plus offensant encore, un mépris miséricordieux? Le Passé, dont Joseph de Maistre et de Bonald sont les Prophètes, ne doit-il rien avoir de commun avec l'avenir tel que les esprits actuels le conçoivent ou le rêvent, et ne reste-t-il rien vraiment de la cendre de nos pères, qu'un immonde engrais pour le sol et un vain souvenir pour nos mémoires? Le mérite de l'avenir, sa grandeur, sa force seront-ils de prendre ce Passé à rebours ; de le contredire par les mœurs, les institutions, les sentiments des générations qui vont naître? Oui, toute la question gît là maintenant. Sera-t-on du passé? sera-t-on de l'avenir? Dans un sens étroit, dans un sens vulgaire, on est toujours, on le sait bien, de l'un et de l'autre. Qui a jamais nié la différence des époques? Mais des accroissements ou des extinctions nécessaires ne changent rien à l'essence des choses, au principe générateur et conservateur des sociétés. Hommes du Passé voudra donc toujours dire, dans le sens élevé et philosophique du langage moderne, hommes de monarchie, hommes de religion, hommes d'unité religieuse et politique ; Hommes de l'Avenir à son tour dira : hommes de démocratie, d'examen philosophique, de pluralité politique et religieuse. Ici ou là, que l'on choisisse ! Il faut se ranger en

bataille; car les idées vont tellement vite à
leurs extrémités, en France, la main s'em-
manche si bien aux opinions de la tête,
que les principes qui se sont déjà disputé
le monde sont à la veille de rentrer en
lice, sur le terrain, certainement sanglant,
de la famille et de la propriété. L'égoïsme
des intérêts matériels, la vanité révolutionnaire, vont donc apprendre à l'œuvre
s'il y avait réellement d'autres moyens de
défendre la propriété et de conserver la
famille, que les moyens proposés ou indi-
qués par Bonald dans ses livres et dans ses
discours. Pressée par cette étroite personnalité, à laquelle elle a toujours obéi, cette
Démocratie modérée (comme si une Démocratie pouvait l'être!), qui voulait le
mouvement à l'origine, et qui, accroupie
au pouvoir qu'elle avait conquis, déclarait
qu'il ne fallait plus bouger, — que la France
était arrivée, parce que la classe moyenne

était parvenue, — il ne lui restera que l'un de ces deux partis à prendre : ou s'apostasier elle-même, et remonter aux principes que les Prophètes du Passé posent comme la vérité absolue, incompatible, ou s'apostasier encore, en passant du côté des révolutionnaires logiques, des hommes qui se vantent d'avoir le secret de l'avenir. C'est le spectacle qui nous est réservé, et que nous verrons avant que les fanfarons précurseurs d'une société sans exemplaire aient accompli leurs fabuleuses promesses. Il n'y a plus de milieu à présent. Les choses, à chaque minute, se précipitent. Je l'ai déjà dit, pour ceux qui doivent interroger d'infaillibles symptômes, la France s'en va de vieillesse. Mais pourquoi sa vieillesse ne serait-elle pas un beau déclin ? L'agonie des nations dure des siècles. Il y a pour les peuples comme pour les hommes une manière de se coucher dans la tombe. Faudrait-il donc croire que, parmi ces ruines majestueuses de la Monarchie et de l'ancienne Société française, il n'y aurait pas un malheureux débris avec quoi on pût rebâtir au dernier des pouvoirs, ne fût-ce qu'une baraque, dans laquelle il vécût les jours qui lui restent à vivre, — fort et respecté?

III.

CHATEAUBRIAND.

Le meilleur de ma tâche est fait. Joseph de Maistre et le vicomte de Bonald sont de ces hommes rares dans tout siècle, et plus rares encore dans le nôtre, dont la pensée et la vie ne flottèrent ni ne descendirent. Intelligences de sommet, ils restèrent toujours à la hauteur qu'ils avaient prise au premier essor de leur génie, au premier regard qu'ils lancèrent sur le monde de leur temps, père de notre monde d'aujourd'hui. Prophètes du Passé, l'esprit, comme disent les mystiques, qui quelquefois disent très-bien, — souffla en eux jusqu'à la dernière heure, avec cette continuité sereine, cette inaltérable durée que les principes communiquent à l'éphémère pensée humaine, à cette agitation de quelques jours! Là est leur gloire, — une gloire élevée comme eux, mais impopulaire ; séparée, pour ainsi parler, des propos et des actes habituels des hommes, car c'est là un fait ordinaire, que les grands esprits, qui sont avant tout intellectuels, ne soient pas à portée des masses autant que les esprits passionnés. Joseph de Maistre et de Bonald sont donc comme exilés dans leur propre gloire. Ils ont été relégués dans une espèce d'assomption éclatante et inaccessible ; mais l'action réelle, l'ambition heureuse, l'influence sur l'opinion contemporaine, ils ne l'ont pas eue, ils ne l'ont point encore, et par la raison assez étrange à la première vue, mais très-intelligible à la réflexion, que, pour influer sur une époque, il ne faut pas trop la dominer. Chateaubriand, qui va les suivre dans cette

Étude, comme il les suivit et les toucha dans la vie, est en possession d'une gloire bien autrement actuelle et vivante que ces deux esprits qui regardèrent moins à leur temps qu'à la vérité. C'est que Chateaubriand, malgré une valeur qu'il s'agit d'apprécier sans l'amoindrir, n'est point de si haute et de si pure origine que Bonald et de Maistre. Il n'a point l'incorruptibilité de ces deux cèdres. Homme de transition, il est perméable aux passions, aux manies, aux maladies de son temps. Ce qui fait sa faiblesse a étendu sa renommée. Mais si cette renommée a mieux rempli la voix tumultueuse des hommes, si *cette pourpre a jeté plus de feu*, comme dit Bossuet, ce feu s'éteindra, cette pourpre passera plus vite. Esprit de transition, gloire de transition : voilà la règle. Ce qu'on prend à la Vérité Éternelle pour le donner au Temps, consommateur égoïste et ingrat,

le Temps ne le rend jamais et l'a bientôt
dévoré.

Seulement il est juste de le reconnaître :
même avec les contagions de son siècle,
auxquelles sa poétique nature ne sut pas
assez résister, même avec tout ce qui tenta,
pour l'égarer, son esprit plus ouvert aux
choses brillantes que fermé aux dangereuses, Chateaubriand n'en a pas moins
sa place parmi les hommes qui ont trouvé
dans le passé et dans l'histoire les raisons
suffisantes et explicatives de l'avenir. Toujours, quand il revint à l'Histoire et qu'il
s'inspira de son génie, elle lui répondit de
cette voix infaillible, éprouvée, témoignage
éloquent de toutes les observations faites
sur tous les peuples, par les esprits politiques de tous les temps. Ces jours-là, Chateaubriand s'est rencontré, comme les plus
forts, dans la vérité religieuse, politique,
humaine, et la prédiction ne lui a, certes,

6

pas manqué. Mais quand, au contraire, il a
dédaigné d'interroger et d'écouter cette voix
de l'Histoire, il est tombé dans ces erreurs
dangereuses que les Sociétés, comme les
filles séduites, paient avec des larmes et
quelquefois avec du sang, alors que les
esprits doués de séduction ou de puissance
les leur ont fait accepter, et la prédiction,
mal avisée, gît à côté de l'événement accompli, comme une javeline qui n'a pas
porté... Je veux montrer ce double mouvement de la pensée de Chateaubriand en
sens opposé, ces démentis donnés à la raison de l'homme d'État par l'imagination du
poëte, et, il faut l'avouer, quoi qu'il en
coûte, par ses passions. Ce sera là un enseignement utile, dans sa tristesse même.
Rien ne fera mieux ressortir ce que j'ai dit
des Prophètes du Passé, appelés par moi
les seuls prophètes, que cette alternative
de jugements vrais et de jugements faux,

telle qu'elle existe en Chateaubriand, selon qu'il reste l'homme de l'histoire ou qu'il devient l'homme des chimères de son temps. On verra mieux par là le devoir de l'esprit et la méthode qu'il faut suivre pour arriver à la vérité cachée par les faits, mais pressentie par l'expérience, pour toucher intellectuellement la réalité, avant son palpable et corporel avénement. Par là, on verra qu'il n'est pas toujours sûr de jeter le talent qu'on a dans le gouffre de son époque, comme le Doge de Venise jetait son anneau dans la mer, qu'il ne craignait pas d'épouser avec ses tempêtes, ses monstres et ses fanges. A cela, on ne gagne qu'une épouse orageuse, perfide et souillée, et souvent on perd son anneau.

J'ai dit que Chateaubriand n'avait point la pureté d'origine de Joseph de Maistre et de Bonald. Préservés par les traditions du berceau, par la surveillance de la famille,

et surtout par l'élévation de leur pensée,
des idées qu'ils rencontrèrent autour d'eux
dès leurs premiers pas dans la vie et que
leur invulnérable jeunesse traversa, de
Bonald et de Maistre ne furent du XVIIIᵉ
siècle que par le mépris qu'ils lui mon-
trèrent. Chateaubriand, lui, en fut complète-
ment. Dans ses premiers écrits, — comme
dans son talent, à toute heure,—il porte les
traits de son père, et ils resteront ineffaça-
bles. Il a sucé le lait maudit. Les impressions
de la jeunesse, ces influences premières,
qui plus tard nous oppriment, comme le
poids d'une fatalité, l'ont suivi toujours,
et l'observateur les reconnaît à travers les
métamorphoses d'une pensée que la Religion transfigura, comme on reconnaîtrait
les fêlures, marquées dans la substance
de quelque vase délicat et splendide, vidé
à temps du poison qui allait le faire écla-
ter. Les *Mémoires d'Outre-Tombe*, ce livre

sans fierté et sans modestie, nous ont tout appris. On souffre véritablement, quand on y voit le peu d'ascendant réel qu'exerça la famille sur ce jeune esprit qui devait passer par l'*Essai sur les Révolutions* et les déclamations anti-sociales des *Natchez*, avant d'en venir à poser la famille chrétienne comme le fondement de toute société. Les grandes et fortes influences des principes sévèrement enseignés ne le gardèrent point et plus tard ne le ramenèrent pas à la Vérité, mais des influences bien moins élevées, bien moins rigoureuses. En effet, sans le sentiment de la race et de l'honneur, comme on l'entendait dans l'ancienne Société française; sans l'Émigration qui rallia, à coups de quenouille, les nobles de cette Monarchie Salique, autour d'un drapeau qui était le principe social, et que, dans la sphère des idées, quelques-uns d'entre eux avaient commencé d'abandonner, qui peut

dire ce que serait devenu Chateaubriand?...
Qu'on le suppose né vingt ou trente ans
plus tôt, qu'aurait-il été ?... Un écrivain
philosophique du XVIIIᵉ siècle, comme le
chevalier de Chastellux et tant d'autres
gentilshommes, affolés des nouveautés
d'alors et dont le *songe a fini par le coup de
tonnerre* de la Révolution. Il y a plus; son
talent éclatant et riche, mais qui manque
de cette simplicité que j'appellerais volontiers machiavélique, tant elle est le comble
de l'habileté et de l'art! eût admirable-
ment convenu à cet artificiel et superficiel
XVIIIᵉ siècle. Nul doute qu'il n'y eût eu
les plus grands succès. Brillant esprit de
décadence, à une époque de décadence,
Chateaubriand se serait rangé entre Rousseau, le poëte en prose ardente de la Souveraineté populaire, et Montesquieu, cet
Éclectique anticipé. Maintenez l'hypothèse
et placez à la même époque des esprits

trempés par la nature et par l'éducation, comme Joseph de Maistre et le vicomte de Bonald, rien ne sera changé dans leur destinée. Ils seront, — identiquement, — plus tôt ce qu'ils ont été plus tard. La pensée, dans sa liberté toute-puissante, ne saurait les concevoir, même pour un moment, différents de ce qu'ils furent : tant ces fiers génies appartenaient à la Vérité absolue, et par tout ce qui les avait constitués d'immenses Forces intellectuelles, repoussaient loin d'eux les indignes vasselages de l'espace et du temps !

Mais j'abandonnerai ces rapprochements et ces contrastes, et je prendrai Chateaubriand tel qu'il apparut à l'Europe, au commencement du XIXe siècle, le *Génie du Christianisme* à la main. Le mot n'est pas trop fort ; dans les circonstances où se trouvaient la France et l'Europe, c'était presque une apparition que la publication

de ce livre. Ce fut comme quelque chose
de surnaturel et d'astral. Le *Génie du
Christianisme* n'était pas cependant une de
ces manifestations de la pensée qu'on regarde comme les monuments qu'elle laisse
derrière elle dans son court passage ici-
bas. Ce n'était point une théodicée chrétienne (le plus beau livre qui soit à faire,
après l'épuisement de toutes les opinions
philosophiques) démontrée par une de ces
intelligences qui possèdent l'omnipotence
de l'abstraction et donnent à la Foi, cette
faculté divine, qui, comme Dieu, ne se dé-
fend pas contre les négations de l'homme,
la redoutable puissance de la Raison. C'était
tout simplement une apologie, mais l'apologie détaillée et grandiose d'une religion qui répond à toutes les facultés de
l'être humain. Elle était écrite d'ailleurs
avec un éclat d'imagination, qui parut
merveilleux après la didactique, raison-

neuse et sèche époque qui venait de se fermer. Je n'ai point à risquer ici la moindre appréciation littéraire ; mais mon sujet m'oblige à remarquer qu'en publiant son *Génie*, Chateaubriand, qui avait définitivement rompu avec les faux enfantillages de l'*Essai sur les Révolutions,* avait eu l'instinct des circonstances et *prévu* le rétablissement d'un ordre de choses qui échoua par les raisons les plus profondes, mais qui ne se referà jamais, quand il aura été troublé, qu'à l'aide des idées religieuses. Chrétien, c'est-à-dire catholique, car il n'y a pas deux manières d'être chrétien, Chateaubriand bénéficia immédiatement de la vérité qu'il proclamait à la face d'une société fatiguée de Guillotine et de Néant, ces deux aboutissants de la philosophie. Les *Considérations sur la France* du grand de Maistre avaient frappé les penseurs, les hommes d'État, les esprits qui comprennent avant les autres le sous-entendu des choses humaines que l'Événement dit tout haut plus tard ; mais le *Génie du Christianisme* saisit généralement toutes les classes d'esprits, et même les femmes. C'était suprêmement un livre du passé, que cette glorification de dix-huit siècles de christianisme. L'auteur y rendait un hommage sans réserve, aux institutions, aux systèmes, aux gouvernements que le christianisme avait produits. Il n'accusait pas ces gouvernements d'avoir vieilli, de n'être plus bons pour les générations présentes ; il disait, au contraire, que, si les sociétés politiques pouvaient se reconstituer après avoir été brisées comme elles l'avaient été, ce devait être en revenant aux principes qui ne changent point, en prenant pour types des reconstructions sociales les impérissables modèles qu'on avait essayé de détruire. Mais par cela même qu'il était du passé,

le *Génie du Christianisme* était suprêmement aussi un livre d'avenir. N'y était-il
pas nettement établi, à vingt endroits, que,
hors la vérité, l'impérieuse vérité chrétienne, il n'y avait plus que ténèbres dans
l'intelligence, corruption ou barbarie dans
les mœurs?... Chateaubriand ne pensait
pas alors à écrire sa fameuse phrase
tribunitienne, répétée par les tristes per-
roquets de notre jeunesse : « On ne fait
« point reculer les générations qui s'avan-
« cent, en leur jetant à la tête des débris
« de tombeaux. » Il pensait plutôt que les
tombeaux des pères sont le point d'appui
et de ralliement des enfants dans la marche
militaire de l'humanité. En montrant
l'étroite solidarité des siècles et la puissance du passé, il travaillait à la restauration des idées religieuses, comme quinze
ans plus tard il travailla à une restauration
politique. Deux espèces de restauration,

qui n'ont pas réussi l'une plus que l'autre,
non, comme l'assurent les petits Machiavels
des faits accomplis qui nient qu'on puisse
relever des murs tombés, parce que les
restaurations ont pour caractère historique
de ne pouvoir réussir, mais parce que
toutes deux, entreprises avec des cœurs et
des mains faibles, elles ne furent pas assez
DES RESTAURATIONS.

Dans la vie intellectuelle de l'écrivain ou
de l'artiste, il est un livre, il est une œuvre
qui fait la destinée et tout à coup se trouve
marqué à jamais de l'ongle éclatant de la
Gloire. Littérairement, ce n'est pas toujours
le livre qui honore le plus le talent de l'écrivain, ni l'œuvre de l'artiste qui a le plus
de perfection et de rondeur. Mystérieuse
préférence de la Gloire, qui, comme les
Femmes, préfère bien souvent sans choisir!
Eh bien, le *Génie du Christianisme* fut ce
livre pour Chateaubriand. Il le classa parmi

les écrivains dont le nom, en Europe, représentait un système d'idées, et depuis ce moment, quoi qu'il ait écrit, — soit qu'il grandît ou qu'il baissât par le point de vue ou par le style, — on ne regarda plus Chateaubriand que comme l'auteur du *Génie du Christianisme*. S'il l'oublia quelquefois, toujours le monde s'en souvint pour lui, et ce souvenir finit même par devenir une chose funeste. En effet, quand il inclina, sous le souffle de la popularité dont il aimait tant les émanations, vers ce libéralisme d'idées qui nous a perdus et qui doit, dans un temps plus ou moins rapproché, rendre tout gouvernement impossible, les logiciens de la bêtise ou de la perfidie ne répétaient-ils pas : « Il faut que ce soit bien vrai, ce que nous soutenons, puisque l'auteur du *Génie du Christianisme* est avec nous ? » Ainsi les ennemis s'armaient jusque de sa renommée, et ils

mettaient son nom par-dessus tout le mal
dont ils remplissaient la balance, pour la
faire pencher de leur côté!

Mais le moment ne vint qu'assez tard,
où ce brillant esprit donna à ses ennemis
cet avantage, et aux hommes parmi lesquels
on l'avait classé, le douloureux spectacle
de ces oscillations contradictoires. Ce fut
après le succès de sa cause, après cette
Restauration qu'il avait annoncée, ainsi
que Bonald et Joseph de Maistre, et qu'il
servit avec une plume ardente et aiguisée
comme un glaive. Jusque-là logique avec
lui-même, logique avec sa renommée,
ayant renvoyé à Bonaparte ses broderies
d'ambassadeur, sur lesquelles il lui semblait que le sang d'un Condé avait rejailli,
occupé de voyages et de travaux littéraires,
il resta fidèle d'attitude, dans ses écrits et
dans sa vie, aux idées politiques implicite-
ment contenues dans le *Génie du Christia-*

nisme. Un pareil livre devait, sans doute, avoir mis dans la tête qui l'avait pensé une rectitude difficile et longue à fausser ; aussi, même plusieurs années après la Restauration, Chateaubriand rappela-t-il encore, dans quelques-uns de ses livres et de ses discours à la chambre des Pairs, l'homme qui avait jugé si ferme le principe révolutionnaire, et dit comme il fallait le combattre, si l'on voulait *sauver l'avenir*. Qui ne se rappelle, entre autres sagaces et profondes paroles, le discours sur l'Indemnité (25 avril 1825), dans lequel il parla comme s'il voyait dans sa pensée la guerre qu'on déclarerait vingt-cinq ans plus tard au principe de la Propriété. Comme Bonald, il mettait la main à distance sur cette question de la Propriété, qui n'était alors que le point noir du cancer, ouvert maintenant comme un gouffre, dans les chairs si long temps saines de la France.

Mais ces prévisions, dont je cite un exemple et qui lui revinrent, ainsi que je le prouverai, dès qu'il se sépara de son temps pour écrire sous la dictée de l'Histoire, n'étaient, hélas! que des éclairs, des inconséquences pleines de raison et de génie, des protestations contre lui-même, car lui-même, qu'était-il devenu?... Par un de ces changements dont les causes demeurent toujours un peu obscures et qui sont comme les tremblements de terre de la tête des hommes supérieurs, l'auteur du *Génie du Christianisme* n'était plus qu'un publiciste de transaction et de juste-milieu. Il avait écrit la *Monarchie selon la Charte*. Lui, l'homme du principe monarchique, tel que la religion le consacre, lui, l'homme de l'histoire et de la coutume, qui tenait pour certain que la politique sortait du génie et de la tradition des peuples et non pas des abstractions des beaux esprits, il

s'était dévoué à la défense et au triomphe
d'une constitution philosophique, au fond
de laquelle tout le sédiment des idées
révolutionnaires se retrouvait ; d'une constitution qui, je ne crains pas de le dire,
répugnait à l'esprit net, militaire, person-
nel et absolu de la France, mais qu'elle
accepta avec joie, parce que cette constitution arrangeait ses passions, calmait ses
terreurs et favorisait ses plus coupables
espérances. Chose inouie! Chateaubriand
commenta la Charte comme un code de
vérité politique, Il se fit le Blackstone de
ce nouveau droit public, né d'hier et rap-
porté, comme une marchandise anglaise,
dans les bagages de Louis XVIII. Erreur
qui plana désormais sur l'ensemble de sa
vie et qu'on va partout retrouver!

Car, il ne faut pas s'y méprendre, là fut
la grande faute de Chateaubriand. Si elle
vint uniquement de la réflexion de son

esprit, ce fut un soudain fléchissement,
comme il s'en produit parfois dans les plus
beaux édifices intellectuels. Si elle vint, au
contraire, des influences de son époque et
de l'amour d'une popularité qu'il voila souvent sous du dédain, comme on cache une
passion trop vive, ce fut de la faiblesse de
caractère : dans les deux cas, de l'inaptitude politique; dans les deux cas, une
de ces inconséquences que les Partis ne
pardonnent point et qu'ils appellent d'un
autre nom. Qui ne sait l'histoire de cette
époque?... L'étonnement fut cruel parmi
les Royalistes, quand on vit Chateaubriand,
l'homme sur qui l'on comptait le plus, po-
pulariser de son talent et de sa renommée
des institutions qu'ils repoussaient dans leur
base, des principes qu'ils redoutaient dans
leurs applications. A leurs yeux, il ne fut
plus qu'un royaliste équivoque, aux opinions hybrides, un traître d'idées, s'il était

un fidèle encore par l'honneur et par les sentiments. Quelle clameur ne s'éleva pas contre lui?... Il nous l'apprend lui-même, lorsque, attaqué par ses anciens amis et souffrant d'une de ces positions fausses qui sont de véritables déchirements pour le cœur, quand on en a, il parle avec tant d'amertume de ces hommes qui voulaient être *plus royalistes que le Roi.* Mot vulgaire à force d'être fameux! La plus grande partie de la France, devenue douze ans plus tard la France de Juillet, battait des mains en le répétant; mais l'ironie irritée n'en était pas moins une lamentable vérité. Il n'y avait point à en sourire : oui, les Royalistes étaient plus royalistes que le Roi! Ils aimaient si ardemment la Monarchie, qu'en se défiant de la Charte, ils avaient l'instinct juste des amours sincères. Ils pressentaient les événements qui ont suivi. Louis XVIII ne les prévoyait pas, ou, s'il les prévit, il étouffa cette pensée dans la profondeur de son égoïsme. Il était resté l'homme du XVIII° siècle. C'était le philosophe qui se souciait moins de la monarchie et de l'intérêt de sa race, que du fauteuil royal, dans lequel il trouvait agréable de mourir commodément roi. D'ailleurs, esclave de son œuvre, il avait pour la Charte, labeur de toute sa vie, cette paternité intellectuelle, qui, comme l'autre, adore les monstres qu'elle a faits. Rien donc n'étonne de Louis XVIII; mais Chateaubriand ! qui pourrait signaler par quelle série d'idées il arriva à la conclusion que rien dans ses précédents écrits n'avait annoncée, à savoir : que les Monarchies constitutionnelles étaient la forme *légitime* et *nécessaire* des Gouvernèments de l'avenir?

Or, précisément, il se rencontra que, malgré le talent très-imposant de Chateaubriand dans la discussion sur la Charte, la

conclusion rigoureuse à laquelle il se croyait
victorieusement arrivé tombait, théorie,
sous le raisonnement, comme plus tard elle
devait, institution sans assises, s'écrouler,
renversée par les faits. Et tout d'abord,
pour ne parler que de la théorie, si l'on
veut examiner avec attention la base et le
mécanisme des gouvernements constitu-
tionnels, la duperie de ce monde, qui
n'est pas encore détrompé, on verra que la
fragilité et l'empêchement de cette espèce
de gouvernement vient de ce qu'il est absolument contraire à la nature de l'homme
et des choses, cette double racine de toute
institution qui doit durer. Croire, en effet,
que deux pouvoirs, — ou trois pouvoirs, —
pourront s'équilibrer en paix et se limiter
avec harmonie, c'est méconnaître l'immuable règle qui proclame que tout pouvoir a pour loi de s'étendre, comme la lumière, et de faire sauter l'obstacle qui le

comprime, comme la chaleur. Plus le pouvoir sera intelligent et fort, c'est-à-dire plus il sera pouvoir, et moins il souffrira devant lui de pouvoirs rivaux. Dresser donc un pouvoir devant un autre, en dresser trois et faire leur partage, cela est vain, niais et insensé. L'un de ces pouvoirs, — le véritable, — tuera les deux autres. Avec certains hommes, comme l'histoire en nomme plusieurs avec orgueil, ce ne sera pas même long. Mais dans des circonstances moins favorables et avec des hommes moins puissants, des tiraillements, des conflits, une bataille éternelle : voilà quel sera le gouvernement ! En vain objecterait-on l'exemple de l'Angleterre, d'où nous est venue cette furie savante de constitution. L'Angleterre vit encore de ce qui doit la tuer, mais elle en souffre. Son histoire est la meilleure preuve de ce que j'avance. Ouvrez-la, et voyez si ce que je dis a jamais manqué. A partir de Guillaume III, surtout, Whigs, Torys, Parlement, Chambre des Lords, Royauté, tous ces éléments du Pouvoir politique, n'ont-ils pas cherché, sans repos ni trève, à se dominer ensemble ou tour à tour?... Et quand quelque chose de grand s'est produit, en quelque matière que ce fût, cela n'a-t-il pas été lorsqu'un de ces éléments l'emportait sur les autres? quand il terrassait, quand il tuait, ne fût-ce qu'un instant, tous les autres à son profit? A quoi donc servent les pouvoirs limités et équilibrés, si l'on ne fait rien d'important qu'il n'y en ait un destructif des autres; si l'équilibre *rêvé* n'est qu'un long combat *réalisé;* s'il est dans la réalité humaine, que le Pouvoir ne puisse se partager sans s'affaiblir, c'est-à-dire sans être moins pouvoir ou n'être plus pouvoir?... Et comment Chateaubriand et tant d'autres esprits ont-ils pris, avec toutes les béatitudes de la foi, pour le meilleur des gouvernements, un pareil système de pondération, de balance, d'oppositions toujours renversées et toujours replacées, pour être renversées et replacées encore, si ce n'est par l'effroyable raison que les hommes, *devenant de plus en plus ingouvernables*, on croit, pour les gouverner encore un peu, qu'il faut diminuer les gouvernements, afin qu'entre les hommes et les institutions, il y ait comme une équation d'anarchie !

Et les faits sont venus bientôt éclairer le néant de la théorie. Cela a été presque honteux. Au premier petit souffle qui s'est levé, la Monarchie constitutionnelle a été emportée, comme les morceaux du papier fragile sur lequel elle était fondée. L'histoire a marché sur les sophismes et les illusions de Chateaubriand. Il avait prétendu que le seul établissement qu'on pût opposer

avec succès au flot montant de la Démocratie, c'était la Monarchie constitutionnelle, et, au bout de dix-huit ans, cette
monarchie a disparu ! Ce puissant boule-
vard, taillé pour les siècles contre l'effort
des peuples, n'a qu'à grand'peine atteint le
nombre d'années exigé pour la nubilité
d'un enfant ! Ce n'est pas tout. Au congrès
de Vérone, il avait soutenu que la fondation
des Monarchies représentatives empêcherait
ou retarderait la fondation des Républiques. L'ont-elles retardée ? et, qu'on se le
demande sans trembler, l'empêcheront-
elles?... Sans doute, Chateaubriand avait vu
le mouvement qui emporte, pour un temps,
le monde vers les Républiques ; mais il
n'avait pas même soupçonné que ce qu'il
estimait capable d'arrêter ce redoutable
mouvement, au contraire, le favorisait ! Il
n'avait pas compris que Monarchie constitutionnelle ou République, c'était, à quelques

détails près, au fond la même chose, c'est-
à-dire, dans l'une comme dans l'autre, des
constitutions philosophiques, des systèmes
de majorité, et enfin le gouvernement du
Nombre substitué à ces gouvernements
de Droit, qui ont fait la gloire séculaire et
la force des plus grands États. Faiblesse
de cœur, faiblesse de génie, Chateaubriand,
élevé à l'école des Révolutions, a cru que le
moyen de les arrêter était de leur donner la
main : comme si, quand les Révolutions
la prennent, ce n'est pas toujours pour
la briser ! Depuis quand les Révolutions
ont-elles oublié de retourner contre le
Pouvoir les institutions les plus généreuses ?
et, une fois de plus, n'est-ce donc pas ce
qui arriva de la Charte ? On ne l'accepta
des Bourbons, que pour tuer les Bourbons
avec elle. L'Histoire l'atteste ; mais aussi
les aveux des partis. Ils s'en sont assez van-
tés. Ils s'en vantent assez encore. Croyez-

les, et surtout osez les comprendre! Non, ce n'est pas, comme l'écrivent nos ennemis, le roi Charles X qui, le premier, viola la Charte. Ce fut la première vente de Carbonari qui se rassembla, sous l'empire de cette Charte octroyée, pour jurer sur un poignard une haine et une guerre éternelle à l'*exécrable* maison de Bourbon !!

Mais les yeux et l'esprit de Chateaubriand furent tellement fermés à cette lumière, qu'en 1830, après la défaite de la Monarchie légitime, on l'entendit prononcer de ces paroles qui durent causer de profonds mouvements de joie aux vainqueurs. Déjà, — cela est dur à écrire, mais j'ignore avec quoi on fait un manteau aux pauvretés du caractère, — déjà, par vanité de ministre tombé, il s'était ravalé jusqu'à la taquinerie politique, dans le *Journal des Débats*, et, de rancune, il avait joué à l'aveuglette de la vengeance. Quand la Restauration fut perdue, et, — chose cruelle pour ceux qui connaissent la trempe humaine et la facilité de lui imposer par la force, — perdue par faute d'une précaution, Chateaubriand ne se trouva pas trop vengé. Butté à la Charte, le Royaliste de 1815 acclama le droit des Barricades sur les barricades victorieuses. Il en consacra l'enthousiasme et il y alluma le sien. Cette tête de poëte ne put résister à l'odeur de quelques cartouches brûlées bravement par la Révolte. Son ivresse alla même jusqu'à laisser tomber sur cette monarchie renversée de ces mots qui déshonorent les morts et meurtrissent, par terre, leurs cadavres. *Odieuse Bêtise*, dit-il, *Folie*, PARJURE, *Meurtre à l'appui du Parjure* (1)! Je ne crois point que l'erreur d'un homme ou sa colère ait été plus près de la mauvaise action que ce jour-là. Ni

(1) *De la Restauration*, etc.

quelques phrases noblement émues en l'honneur de la Restauration, et qu'il écrivit comme pour *faire repoussoir* à ces mots terribles ; ni, *Madame, votre fils est mon Roi*, ni l'espèce de fidélité en deuil qu'il a gardée au dernier descendant de nos Maîtres, comme nous disons, nous autres, avec orgueil, n'amnistieront Chateaubriand de son injure... Qu'est-ce qu'un Thiers ou un Mignet eussent écrit de plus ?... Là, pour lui, pour l'ancien ami de Charles X, est la tache, et elle restera sur sa mémoire. Je sais bien qu'avec le scepticisme qui nous ronge le cœur, nous sommes devenus d'une si imbécile indulgence, que, sur l'interprétation d'un mot, nous voilà prêts à tout pardonner ; mais l'histoire, qui ne partagera pas nos défaillances, et qui comprendra le Royalisme et ses devoirs quand le Royalisme ne sera plus, montrera sous un jour implacable, cette tache au blason d'une famille qui n'avait jusque-là *teint que de son sang les armes de France*, et elle n'essaiera pas de la diminuer.

Du reste, dans l'ordre seul des conceptions et en restant sur le terrain de l'intelligence, la faute de Chateaubriand portait sa peine avec elle. Elle produisait l'aveuglement. Je l'ai montré suffisamment, il me semble; mais c'est un fait qu'il est utile de répéter aux guetteurs des Avenirs à naître, à tous ces badauds de l'Espérance, qui, perchés sur le sommet de leurs rêves amoncelés, regardent poindre de si belles choses à l'horizon, que le Prophète du Passé a eu seul, en Chateaubriand, de ces aperçus qui justifient le mot surhumain de *prophéties* appliqué à nos courtes et vacillantes prévisions. Autrement, dans le cercle des idées modernes et du moment, de ces inventions à fleur de sol dont la destinée est de passer comme les engouements

qu'elles font naître, Chateaubriand a vu
périr tout ce qu'il estimait de longue durée.
Mais après avoir montré les erreurs de
cet écrivain, j'aime à insister, pour rester
juste, sur la force de son coup d'œil quand
il l'aiguisa aux expériences de l'histoire.
En 1834, je crois, il fut le premier esprit
de ce temps qui se douta du Socialisme et
qui en signala l'avènement (1). Et pour lui,
ce n'était pas là une prophétie d'espérance,
de la sagacité à force de désir; car jamais
il ne partagea ces monstrueuses idées sur
l'humanité qui en déifient jusqu'à la fange.
J'ai déjà parlé de la portée *palingénésique* du
Génie du Christianisme; mais à travers
mille lueurs projetées en avant dans cet
ouvrage, j'en choisirai une qui étonne d'autant plus à cette heure, que, parmi tant de
nations tranquilles hier à la surface et

(1) *Revue Européenne.*

troublées jusque dans leurs fondements
aujourd'hui, l'Espagne dont il s'agit, hier
la plus agitée, est aujourd'hui la mieux
rassise. « L'Espagne, disait Chateaubriand
au moment où on la croyait perdue,
« séparée des autres nations, présente un
« caractère original. L'espèce de stagnation
« dans laquelle elle repose lui sera utile
« un jour. Lorsque les peuples de l'Europe
« seront usés par la corruption, elle *seule*
« pourra reparaître avec éclat sur la scène
« du monde, parce que le fond des mœurs
« subsiste chez elle. » C'est cette idée du
fond des mœurs qui faisait calculer à
Chateaubriand le mouvement de la Démocratie auquel il traça son orbite. « Le
« siècle avance, écrivait-il, la Démocratie
« s'accroît. Si les caractères en décadence
« la peuvent supporter, les Rois, à l'heure
« providentielle, seront obligés de se re-
« tirer ; mais si les Peuples corrompus, *sans*

« *écouter personne*, se jettent de haut en
« bas dans la Liberté, loin d'y tomber, ils
« s'engloutiront dans le Despotisme, et,
« pour dernière calamité, ce DESPOTISME
« NE SERA POINT PERMANENT. » Prophétie
accomplie déjà, car nous avons vu une
République d'*occasion* se charger de la
besogne des monarchies les plus absolues.
Enfin, pour sortir des généralités sur les
peuples, favorables à tous les penseurs,
dans un autre endroit de ses œuvres,
Chateaubriand n'a-t-il pas parlé de la chute
de Louis-Philippe avec la précision la plus
formidable, et bien des années avant cette
chute; de l'impossibilité morale, religieuse,
providentielle, que beaucoup de gens tien-
draient pour mystique, mais que nous
tenons pour certaine, à ce que le Fils d'un
Régicide mourût Roi dans les draps de celui
à qui son père fit couper la tête, pour
l'unique raison qu'il était Roi? Le passage

est trop long pour que je le cite, et trop
beau pour que je l'abrége. On ne peut pas
tronquer la foudre. Mais là, comme partout
où il voit loin et juste, Chateaubriand est
l'homme d'un passé envers lequel il fut
souvent ingrat, au moment même où ce
passé gratifiait le plus son génie.

Car c'est là le trait caractéristique de
cette figure si moderne de Chateaubriand,
dont le monde moderne s'est épris par
amour de soi-même, parce qu'il y reconnaissait ses contradictions et ses orages,
ses manières de sentir et ses manières de
penser. Tour à tour, — on vient de le
voir, — Chateaubriand a invoqué le passé
et l'a foulé aux pieds, comme il a glorifié
l'avenir et l'a maudit. A la première vue,
on dirait qu'il a voulu être en mesure avec
toutes les idées et sauver sa gloire des bles-
sures du Temps sur tous les pavois... Mais, à
la seconde, quand on l'étudie, une telle

idée s'efface bientôt. Il n'avait pas cette profondeur. La combinaison et la suite qu'elle suppose dans le caractère était impossible à cet esprit changeant, *contrasté*, en perpétuelle opposition avec lui-même. S'il eut bien la coquetterie de sa gloire, il n'en eut point l'*entente gênante* et coûteuse. Homme de son temps (hélas, c'est presque une injure !), il n'était capable d'aucun cruel sacrifice, même à lui. Le soin qu'il eût pris aujourd'hui de sa gloire, il l'eût lassement, nonchalamment abandonné le lendemain. Jeune, il avait la fatigue de la vie : il écrivait *René ;* vieux, il traçait ses funéraires *Mémoires d'Outre-Tombe*, avec le néant de tout dans le cœur. C'était sans plan, sans idée arrêtée qu'il allait et revenait du passé à l'avenir et de l'avenir au passé. Il se berçait au tangage de ce siècle qui s'en va échouer sur on ne sait quels écueils. Comme son époque, il était naturellement contradictoire, anarchique, même quand il voulait ne pas l'être, entrainé par son sentiment et remporté par sa raison, *écartelé à ces deux infinis*, comme disait Lamennais, un Écartelé du même genre, mais dont les membres rompus sont à présent dispersés et trainent par les chemins, méconnaissables et immondes, sur toutes les claies du mépris! Certes, Chateaubriand fut moins coupable. Il n'a, du moins, rien apostasié. Si l'on rencontre dans ses ouvrages des idées contraires, s'il a fait de ses œuvres une espèce de musée d'armes pour toutes les causes, c'est que dans sa tête, tourbillon vivant, comme dans son époque, les idées s'entre-choquaient à grand bruit. Je ne sache qu'une chose sur laquelle il n'ait pas varié : c'est son opinion sur les Monarchies constitutionnelles. Il avait pris racine en cette erreur, mère de toutes ses fautes, car l'Erreur est essentiellement prolifique. Terrible Mégère de l'esprit qu'elle épouse, elle l'asservit par ses enfants ! Comme ses contemporains, plus développé par l'imagination que par la volonté, Chateaubriand était dupe de la forme des choses. Il fut souvent trahi par les plus belles phrases qu'il ait écrites, comme Napoléon par ses maréchaux. Au fond rhéteur, s'il a bien parlé des rhéteurs, c'est qu'il a pu les étudier comme Massillon étudiait, sur le sien, les tendresses du cœur de la femme. Je l'ai dit au commencement de cette Étude, la gloire de cet homme ira diminuant. Ce que les années, ces Vanneuses des divers mérites des hommes, pourront trier de sa mémoire ne sera guère ce qu'on croit, et ce qui, de son temps, le fit admirer. Sur les sophismes anéantis, sur les contradictions détruites, la Postérité, qui aura vu la prophétie réalisée, saluera le Prophète et oubliera le rhéteur passionné d'un temps accompli. Alors Chateaubriand aura sa *véritable* place aux yeux de ce monde qui n'aime pas ceux qui le devinent, mais qui les respecte, tout en leur cachant son respect, par haine d'eux, jusque sous le nom qu'il leur donne quand il les appelle, — comme aujourd'hui, — des Prophètes du Passé!

IV.

LAMENNAIS.

De tous les hommes qui devaient trahir la Vérité, celui *qui fut* l'abbé de Lamennais est certainement le plus aveugle et le plus coupable. Sans doute, la Vérité fait immensément pour tous les hommes quand ils vont à elle et qu'ils la choisissent. Elle leur donne une force qui élève la leur à sa plus haute puissance. Elle ajoute son être à leur être ; mais, pour l'abbé de Lamennais, je ne crains pas de le dire, elle avait tout fait, même ses facultés. Des hommes qui ne connaissent rien à la profondeur de l'Église Romaine ont regardé comme une faute politique de n'avoir pas enchaîné au trône pontifical, par les liens d'une grande dignité, l'ambition d'un prêtre dont l'orgueil fut enivré par la Gloire. Des voix accoutumées à blasphémer ou à nier Dieu ont dit son Église ingrate ou imprévoyante. Cela devait être. Et cependant l'Église, qu'on accuse, avait plus fait pour l'abbé de Lamennais que si elle lui eût ceint le front d'un bandeau de pourpre ; car, indépendamment de cette gloire à laquelle, plus que personne, elle a contribué, elle lui avait éclairé la tête de sa vaste et lumineuse doctrine. Elle avait créé son génie. Comme on ne prend bien la mesure des hommes que quand ils sont renversés, et que l'ombre et le corps ne s'ajustent exactement que par terre, Lamennais tombé maintenant dans des doctrines de néant, comme Lucifer dans les ténèbres, nous fait mieux juger du Lamennais debout, dans la clarté vive de sa foi. L'*Esquisse d'une Philosophie*, placée en regard de l'*Indifférence en matière de Religion*; les *Paroles d'un Croyant*, pastiche impie de la Parole qui ne s'imite pas, ou des livres comme le *Passé et l'Avenir du Peuple*, l'*Esclavage moderne*, *etc.*, comparés au *Progrès de la Révolution*, sont des attestations suffisantes de la force individuelle de cet esprit et de la force qu'il tenait de la vérité impersonnelle. C'est à confondre d'étonnement et à pénétrer d'une terreur salutaire. Non-seulement, dans l'*Esquisse*, dans les *Paroles d'un Croyant*, dans le *Passé et l'Avenir du Peuple*, *etc.*, le fond des choses s'est rapetissé, la pensée a souffert dans ce qu'elle a de plus intime; mais ce qui reste parfois aux intelligences égarées, aux grands coupables de l'esprit, — car l'esprit a ses scélérats comme la conscience, — l'Art lui-même a fléchi; la forme s'est altérée, la Rose divine s'est effeuillée, et tout Lamennais a péri.

Littérairement, je n'ai point à prouver cet effacement d'un grand talent devenu vulgaire. Beaucoup d'esprits, parmi ceux qui n'ont ni les anciennes croyances que l'abbé de Lamennais a abandonnées, ni l'horreur des nouvelles qu'il a embrassées, ont remarqué cet affaissement d'une haute intelligence, au double point de vue de la pensée philosophique et de l'art d'écrire. Qu'on se rappelle l'opinion exprimée, il y a quelques années, sur l'*Esquisse d'une Philosophie* par les plus compétents en ces matières ! On ne l'a pas oublié, j'imagine. La plupart expliquèrent le changement lamentable et juste par les raisons grossières d'esprits qui n'ont souci que des choses visibles : la lassitude, l'infirmité humaine, la vieillesse, le reploiement fatal de l'aile, ouverte si grand tout d'abord, un jour de talent, comme on a un jour de beauté ou un jour de victoire, le déclin, et que sais-je encore ? Nul ne dit assez haut que, la Vérité ôtée de dessous cet esprit, il devait crouler et s'éteindre comme un flambeau renversé de son candélabre. Dieu ne le brisa pas, ce flambeau. Il s'est contenté de le laisser fumer et s'éteindre peu à peu dans la poussière. Il a frappé Lamennais de médiocrité. Punition effroyable pour le génie, plus grande, je crois, que s'il devenait imbécile ou fou; car l'insanité a sa terrible poésie et l'idiotisme éveille en nous la compassion.

Ainsi, ce que j'ai fait pour Chateaubriand, quand j'ai montré son manque de regard lorsqu'il abandonna la tradition, et sa compréhension de l'avenir quand il l'embrassa à travers l'expérience des siècles, je pourrais le faire, et à plus forte raison, pour Lamennais, ce mort illustre, si je l'opposais au Lamennais des jours présents ;

à ce rebelle, qui n'a pas trouvé un lambeau
de la robe de Luther pour envelopper sa
rébellion sans grandeur, et dont l'anato-
mie, dans l'histoire, n'aura que les grêles
proportions d'un Rationaliste moderne!
Je ne le ferai point cependant et voici
pourquoi. A chaque jour qui passe, les
Prophètes de l'Avenir, les Rêveurs qui
insultent l'histoire, reçoivent de terribles
démentis, soit de la nature humaine qui
répond par son train ordinaire, son train
éternel comme le train des globes dans
l'espace, soit de l'expérience et des faits.
Or, parmi tous ces prophètes, qu'importe
qu'un de plus ajoute sa rêverie au mon-
ceau, et la puissante niaiserie de son
espérance aux vains halètements de tant
de désirs insensés! Je n'ai point à juger
Lamennais le démocrate. Si j'ai opposé
Chateaubriand à lui-même, c'est que, tout
infidèle qu'il ait été, comme penseur, à

une cause sacrée, il n'a jamais, aux yeux
des masses et de son parti, qui, ce semble,
aurait dû être un juge plus sévère que les
masses, abandonné le camp des hommes
du Passé ; et, à ce titre toujours gardé,
quoiqu'il en ait souvent été indigne, tout
ce qu'il a dit devait avoir une effrayante
portée. Moins coupable que l'abbé de
Lamennais, le mal qu'il a fait est peut-être
plus grand, car le scandale d'une apostasie
n'a pas averti, en l'éclairant de sa formidable lumière. Lamennais ne présente pas,
lui, le danger d'une pareille méprise. Il
est classé invariablement par l'opinion. La
honte de son reniement a fait une espèce
d'innocuité à ses erreurs. Il a été désarmé
de son influence, comme il a été découron-
né de son talent. En effet, quoique le sens
chrétien et l'Honneur, qui en était le fils,
n'existent presque plus en France, et que
cette terre de Chevalerie se soit enfoncée

dans la boue des serments violés, sous la pression de tant de Révolutions successives, pourtant je ne sais quel reste de sa vertu première s'est révolté à l'apostasie de Lamennais, du pieux auteur de l'*Indifférence*, comme on avait dit tant de fois! Il n'a plus été bon que pour les partis qui ramassent tout pour en faire des armes. Le sien le plaça à la Constituante et lui paya, avec ses vingt-cinq francs par jour, ses trente deniers de Judas. Nous l'y avons vu suicidé, comme l'autre, muet, impuissant, mort par la pensée, cette pensée qu'il galvanisa quelque temps dans un journal maintenant oublié. Démocrate isolé, momie sans arôme et sans bandelettes d'un républicanisme pourri, qui croule en déliquescence et flue de toutes parts autour de nous, il n'est dangereux qu'à la manière de l'infection; mais la portée morale lui manque. Par miracle, il se

remettrait à bouger, que nous n'y pren-
drions pas garde, enseveli qu'il est sous
cette couche d'ignominie qu'il a volontai-
rement étendue sur sa tête et qui a mieux
effacé le signe royal du Sacerdoce, que ce
morceau de verre aiguisé qu'on passait
autrefois sur la tonsure du prêtre indigne,
condamné à mourir.

Je ne prendrai donc Lamennais que
comme il fut pris par la Gloire. Je ne le
considérerai que par le côté où ce vieil
Œdipe, qui s'est crevé les yeux avec les
agraffes de son manteau, comme l'Œdipe
du Tragique grec, doit se mépriser aujour-
d'hui. Le Prophète du Passé, le successeur
de Joseph de Maistre et de Bonald, l'ami
de Chateaubriand dans ses meilleurs jours,
voilà le Lamennais dont il sera parlé ici
après eux. Moins grand que de Maistre,
moins profond que Bonald, moins éclatant
et moins varié que Chateaubriand, il a

joué, nonobstant, un beau rôle intellectuel qui continua le leur, malheureusement pour s'interrompre. Talent d'ordre composite, aurait dit Diderot, car il combine et mêle les virils procédés de Bossuet à la manière moins musclée et plus arrondie de Rousseau ; homme de réverbération littéraire plus que de saisissante spontanéité, il n'a pas, — j'ose le dire, — d'originalité qui lui soit propre. Il n'a point reçu le grand don, le don suprême de l'écrivain, l'originalité, ce labarum du Génie qui porte dans ses rayons le *Hoc signo vinces!* Quand il est puissant de discussion ou d'aperçu, c'est que le prêtre soutient l'homme ; c'est que le Catholicisme l'inspire, c'est que la Foi met ses ailes de feu, son glaive de feu, son œil de feu, à la place des faibles ressources qui lui resteraient, s'il n'avait pas cette Foi qui est plus grande que tout et que j'appelle la faculté de l'Infini. Oui, je veux le lui répéter et qu'il le sache : le jour où il cessa d'être chrétien, il a marché sur sa pensée. Il l'égorgea de ses propres mains. En le lui répétant, en lui montrant les ravages d'un tel attentat, peut-être fera-t-on lever quelque repentir dans son âme ; et qui sait si, à défaut d'une grâce inécoutée et d'une humilité impossible, la fierté désolée du Génie ne pourrait pas relever un homme que l'orgueil du Génie fit tomber !

Du reste, l'opinion publique, en Europe, et même le parti auquel il s'est donné ont jugé Lamennais comme je le juge aujourd'hui. Si jusqu'ici personne n'écrivit le jugement d'une plume résolue, il n'en était pas moins prononcé de fait dans tous les esprits. Il est des silences qui parlent haut et des oublis qui font penser. Malgré la tendresse qu'une apostasie solennelle devait éveiller dans son cœur, le Radicalisme n'a jamais compté Lamennais pour un de ces chefs d'idées qui précèdent et préparent les chefs d'action dans les révolutions humaines. Jamais il ne le plaça, même par hypothèse et pour une heure, à côté des trois hommes qui, seuls du siècle présent, firent tête de colonne dans l'Erreur et trouée dans la Vérité. Auprès de ces grands Égarés, qui eurent réellement force d'hérésiarques, auprès d'hommes comme Saint-Simon, le théosophe qui dressa la religion de la Chair dans un face-à-face audacieux avec l'ascétisme chrétien; ou Fourier, l'hiérophante d'un système qui ressemble à un Mystère, et dont le cerveau trop mathématique conçut les hommes comme des signes d'algèbre et la Société comme un casse-tête chinois; ou enfin Proudhon, le plus fort des trois, qui tire la ligne droite de sa logique de l'erreur complète et l'enfonce jusque dans les profondeurs du chaos;

Lamennais, avec son syncrétisme de philosophie et ses idées politiques, surannées et
vagues, n'est plus qu'un penseur de seconde main et un libéral attardé, à la
manière de Benjamin Constant ou de tout
autre. Il n'a pas un atome de plus ! Avec
Saint-Simon, Fourier ou Proudhon, on
se sent remué, sur une aile robuste, dans
le vide de prodigieuses chimères, et l'on
y perd la respiration de son esprit et le
regard de sa raison ; mais avec Lamennais,
on retombe tout platement dans cette petite
mare croupissante du Rationalisme, laissée
par le torrent du Protestantisme écoulé,
et où tant d'esprits contemporains se sont
perdus... car l'Esprit humain est comme le
corps, cette chose magnifique d'équilibre
fragile, qui parfois se retire, vivant, d'une
mer en furie et meurt vautré dans quatre
pieds de vase et d'eau.

Certes, pour arriver à des conséquences

intellectuelles aussi misérablement funestes, ce n'était pas la peine de donner un démenti à plus de la moitié de sa vie morale, et de descendre du respect du monde. Qu'on se souvienne, en effet, de ce que fut un instant l'abbé de Lamennais ! Lorsque, sous cette Restauration, qui n'a rien restauré et qui aurait dû renouveler, on entendit pour la première fois cette voix de prêtre, qui se mit tout à coup à planer et à retentir sur les hauteurs des événements et des opinions contemporaines, il se produisit une joie et une admiration sans égale parmi les hommes qui croyaient encore que la vérité politique n'était qu'une simple déduction de la vérité religieuse. Ils n'étaient pas les plus nombreux, ces hommes, et l'index du siècle était levé sur eux; mais Dieu leur envoyait un auxiliaire, armé d'un héroïque esprit de combat. Le Prophète du Passé, comme on a dit depuis, apparut avec une splendeur

vraiment *prophétique* dès les premières pages
de l'Introduction de *l'Indifférence* qu'il faut
relire avec sa date, si l'on veut s'attester la
sagacité de la tête qui l'avait écrite; car elle
a été bien des fois reprise en sous-œuvre
par les esprits les plus divers, le privilége
des hommes supérieurs étant, on le sait,
d'imposer, au bout d'un certain temps, leurs
aperçus à tout le monde et de faire rabâ-
cher leurs idées aux générations. A cette
époque, la Société et un gouvernement
aussi faible qu'elle cherchait à contracter
cette alliance entre l'Avenir et le Passé
qu'elle a maintenant abandonnée, pour
tendre ses deux mains d'aveugle à l'Avenir.
Il convenait merveilleusement alors à un
esprit qui connaissait la nature de l'homme
et des choses, à une grande intelligence
théologique et historique, de montrer l'ina-
nité des efforts d'une Société épuisée et sans
croyance qui opposait l'obstacle de ses bras

ouverts aux hommes, aux intérêts et aux
idées luttant depuis 89. Comme les bras
étendus des Sabines entre leurs maris et
leurs ravisseurs n'empêchèrent pas leur en-
lèvement, de même devait être enlevée à
dos d'ennemi et jetée à la frontière, cette
Restauration suppliante, qui se tint à genoux
au milieu des partis qu'elle voulait contenir
et rapprocher. Le regard que porta Lamennais sur une époque, dont les mœurs
molles énervaient le gouvernement et l'em-
pêchaient de croire à la force de son droit;
ce regard de prêtre, noir, profond, accou-
tumé à voir dans le creux des sépulcres,
tomba d'aplomb sur les entrailles de cette
Société et les perça. Il y distingua le peu de
vie qui y palpitait encore et les signes de
mort qui commençaient de s'y montrer.
Tous ceux qui vivaient de la maladie sociale
et qui en augmentaient l'action extérieure
ou secrète, traitèrent de déclamation élo-

quente les paroles inspirées et terribles d'un
homme, plus haut et plus libre par sa position sacerdotale que les hommes d'État par
la leur, et qui, ne devant de ménagement
à personne, — comme Dieu, son seul
maître, — disait les choses par leur nom.
Il annonçait (1817) la DISSOLUTION PRO-
CHAINE de l'Europe et il inventoriait, un par
un, tous les symptômes de cette dissolution
imminente. Comme dit Montesquieu quelque part, il abrégeait tout, parce qu'il
avait tout vu. Mais rien ne fut omis, rien
ne fut oublié par lui! Ni le déshonneur de
l'esprit humain, ce scepticisme qui est le
fruit de l'intelligence devenue lâche, ni l'indifférence contre laquelle il allait protester
dans un ouvrage, seule pierre monumen-
tale, hélas! qui restera debout sur sa
mémoire; ni l'athéisme, la dernière des
hérésies, selon Leibnitz, ni toutes les espèces
d'atonie par lesquelles passent les Sociétés

décrépites ! Il les étala toutes dans cette Introduction sublime, et il en ferma le cadre avec ces paroles implacables : « Qu'ils meurent donc, puisqu'ils veulent mourir ! » La mort n'est pas encore venue ; mais aux yeux de ceux qui ont appris dans l'histoire que les races ne s'en vont et ne disparaissent que par la corruption du cœur, elle est aussi certaine que si elle était venue, — à moins pourtant qu'on ne remonte, et au plus vite, vers les enseignements, les doctrines et les institutions du Passé (1) !

(1) Je ne crois pas au copiage des peuples par les peuples. Tenant les hommes pour tout dans l'histoire, et les institutions pour à peu près rien, je ne me préoccupe pas plus des institutions du Passé que de toutes les autres. Ce formalisme est par trop enfantin... c'est l'*esprit* qu'il faut refaire aux peuples. Les institutions seront alors ce qu'elles devront être, quoi qu'elles soient. Le *Progrès*, dont on parle tant, est quelque chose d'autrement profond qu'une question de chro-

Quant au livre dont l'Introduction, à elle seule, était une perspective d'avenir ouverte, que les années, en s'écoulant, devaient amener jusque sous notre main, l'idée qui en faisait le fond et le développe-

nologie. On n'a pas progressé parce qu'on a vieilli ; on a progressé parce qu'on a élevé son sens moral, — ce qui comprend tout. Or, il n'y a que la perfection chrétienne dont on a pu, à force d'efforts, approcher, mais qu'on n'a pu jamais atteindre. C'est donc l'idéal, c'est donc le Progrès, attesté par dix-huit cents ans d'histoire, et il existera pour les peuples à mesure que l'individu sera plus *saint*, comme dit l'Église, car le progrès n'existe pas hors de la conscience de chaque homme. Hors de là, je défie qu'on dise clairement ce que c'est. Redevenir chrétien, c'est donc là le sens du mot *revenir au Passé*. Revenir, n'est pas reculer ; c'est avancer même quelquefois. Cela dépend du point où l'on se place. Mais on a tant faussé et pipé ce débonnaire Esprit humain avec des images ! Il faut en finir avec toutes ces niaiseries, et si nous devons mourir, au moins savoir pourquoi !

ment eût suffi pour attacher au nom de
Lamennais le titre de Prophète du Passé ;
car c'était la preuve, par le Passé même,
par toutes les traditions du genre humain,
des grandes vérités qui constituent la vie de
l'intelligence et de la conscience de l'homme.
Je sais bien qu'au point de vue rigoureusement catholique, le système de certitude
construit par Lamennais, dans son *Essai sur
l'Indifférence*, n'est pas sans inconvénient
et sans danger. S'il a son côté sur le vrai,
il fait bord sur le faux, — bord étroit, glis-
sant et qui penche. Des têtes forgées de ce
métal que rien ne peut altérer, des têtes
comme celles de Bonald et de Joseph de
Maistre, n'auraient pas hasardé le système
osé par Lamennais. Esprits grands et fermes,
qui avaient besoin de prendre leurs vastes
assises dans une incontestable orthodoxie,
ils n'auraient pas joué aux équilibres sur la
pointe d'une de ces *bonnes distinctions* que

demandait Pascal avec son ironique sourire.
Pour eux, il y serait allé de trop. La Certitude de Lamennais a le tort d'être *philoso-*
phique. Quand on est catholique et théolo-
gien, on ne doit pas en appeler sans cesse
du Christianisme comme l'enseigne l'Église,
au Christianisme interprété comme l'inter-
prêtent les Traditions générales des Peuples.
Lamennais, du reste, l'a reconnu lui-même.
« Si la raison de tous, — dit-il dans ses
« *Pensées diverses*, — est la base de l'Église,
« son autorité, antécédente à l'autorité de
« l'Église, lui est supérieure et l'Église a
« sur la terre un juge en dehors d'elle. Car,
« s'il arrivait que, sur un point quelconque,
« la raison de tous se trouvât en opposition
« avec l'Église, qui l'emporterait ? La raison
« commune ? alors on peut toujours ap-
« peler de l'Église à la raison commune.
« Si l'Église ? alors la base serait renver-
« sée, car la raison commune n'est pas in-

« faillible… » Cependant le Rationalisme et
toute l'effroyable portée de doctrines mises
bas par le Protestantisme sont tellement
combattus dans *l'Indifférence*, que l'Église,
qui aurait pu se plaindre, qui aurait pu
avertir au nom de son immense prudence
alarmée, mais l'Église qui hait le pharisa-
isme et sa lettre morte, et qui a toutes les
munificences généreuses de la Vérité, comme
elle a toutes les tendresses de la miséri-
corde, ne voulut voir que l'intention de Lamennais et le service rendu à la cause du
Catholicisme par cette fière réponse à ses
ennemis. Le Polémiste avait tant fait pour
elle, qu'elle ne chicana point le Philosophe.
Elle l'aurait pu, sans aucun doute… et ceci
peut-être expliquerait, — si cette Intelligence infaillible avait besoin d'être justi-
fiée par des considérations à la taille de nos
vulgaires esprits, — l'espèce de froideur et
de réserve gardée par Rome vis-à-vis de

l'abbé de Lamennais. L'Église a toujours aimé à multiplier les épreuves. Patiente, parce qu'elle est éternelle, elle entend que ceux qui la servent soient patients comme elle. A plus forte raison, doit-elle ménager sa faveur et ses récompenses, qui ne furent jamais que l'investiture de devoirs plus hauts, lorsqu'elle n'est pas sûre d'un esprit ou d'un caractère. Inaltérable comme la sagesse divine, l'éclat du livre de Lamennais ne troubla point l'impartialité de ses jugements. Appuyée sur une révélation primitive et sur l'unité, maintenant prouvée du genre humain, l'Église, qui glorifie la tradition, parce que la tradition est la chaîne dont elle est l'anneau central et rayonnant, fut la première à propager un livre supérieur de discussion et d'apologie, qui écrasait les dissentiments sous les témoignages de l'histoire, — la meilleure des preuves dans un temps où la métaphysique, enfermée dans le cercle de feu d'une critique impitoyable, s'est tuée en retournant contre elle le triple dard de sa logique, comme le scorpion, dans la flamme, se tue en se frappant du sien.

Mais puisqu'il s'agit de Prophéties, quoique l'*Essai sur l'Indifférence* ait, à travers la poignante dialectique qui y circule, en broyant tout comme un char de guerre, de ces fulgurances qui rappellent les coups de lumière de l'Introduction, cependant ce n'est pas dans cet ouvrage que Lamennais a le plus montré ce génie d'intuition qui a vue sur l'avenir, quand il est contenu et précisé par les habitudes et les enseignements de l'histoire. Il est un livre moins éclatant, moins considérable et moins célèbre, où cette qualité de Prévoyant est plus développée, je veux dire l'écri qui parut, en 1829, sur les Progrès de la Révolution dans sa guerre contre l'Église.

Brochure que le temps n'a pas flétrie, qui a l'immortelle et effrayante fraîcheur des vampires ; car les questions qui donnent leur vie à cette production sont plus que jamais vivantes, actuelles et dévorantes. Au lieu de se résoudre, elles se sont redoublées. La guerre contre l'Église est devenue la guerre contre la Société tout entière ; chose naturelle, puisque c'est l'Église qui a fait la Société moderne. En arrière d'elle, il n'y a que Barbarie et paganisme ; en avant, que Barbarie sans paganisme. Il faut bien le dire, si nous cessons d'être chrétiens, nous ne vaudrons même plus assez pour être idolâtres! Frappée donc à la tête, d'abord, la Société devait être refrappée au cœur ; car les guerres d'idées sont des guerres sans entrailles. Les guerres d'intérêts ou de sentiment ont leurs lassitudes, mais les guerres d'idées vont toujours. Il n'y a pas de Trève de Dieu pour elles. On

croirait qu'entre la Vérité et l'Erreur, Dieu
a voulu qu'il y eût comme une espèce
d'anthropophagie intellectuelle. Il faut que
l'une dévore l'autre pour qu'il y ait paix.....
Lamennais, comme tous les penseurs d'un
ordre élevé, devait avoir conscience de
cette implacabilité des idées plus terrible
que celle du Destin ; car elles ne s'apaisent
par aucun sacrifice, mais, au contraire,
quand il n'y a plus de sacrifices... Seulement, en 1829, ce n'était plus cette conscience vague et profonde qui murmurait
en lui ; c'était une voix nette et distincte.
Le Prophète du Passé se refaisait entendre
avec plus d'autorité, avec plus de discer-
nement que jamais. Ecoutez-le ! Il rappelle
les grandes voix connues : il va juger la
Restauration ! « Au lieu d'établir, dit-il,
« une monarchie, on constitua une répu-
« blique démocratique, afin de concilier
« le passé et le présent, ainsi que l'expli-

« quaient les habiles. (Cette race dure
« toujours.) La puissance souveraine ap-
« partint au présent ; le passé accepta en
« échange une fiction, et de cette belle
« harmonie qu'on a vue depuis quatorze
« ans est sortie cette paix qui, nous as-
« sure-t-on, ne doit être rien moins qu'éter-
« nelle. » Un an après cette ironique parole, la Révolution de 1830 éclatait ; mais
comme s'il avait vu une autre révolution
qui devait suivre, et que dis-je ? toutes les
révolutions qui nous attendent encore :
« Croit-on que le Libéralisme, — ajoute-t-
« il, — quand il serait satisfait d'un PREMIER
« TRIOMPHE, n'aurait désormais rien à vou-
« loir ? IL MARCHE DÉSORMAIS VERS UN BIEN
« AUTRE BUT : L'ABOLITION DU CATHO-
« LICISME. » Jamais Bonald, ni de Maistre,
ni Chateaubriand n'avaient été plus loin dans
l'avenir. Jamais ils n'avaient mieux lu à travers le Libéralisme, qui n'est que la moitié

10

du masque que le Socialisme est tout entier !
D'un coup d'œil, Lamennais plongeait dans
cette Révolution définitive qui finira toutes
les Révolutions, qui les mangera toutes,
comme le serpent d'Aaron mangea tous
les autres serpents. A vingt ans de distance,
il en parle comme, nous, nous en parlons
aujourd'hui. « Oui, elle viendra, s'écrie-
« t-il, parce qu'il faut que, tout ensemble,
« les peuples soient instruits et châtiés ;
« parce qu'elle est INDISPENSABLE, selon
« les lois générales de la Providence, pour
« préparer une RÉGÉNÉRATION sociale. *La*
« *France n'en sera pas l'unique théâtre.* Elle
« *s'étendra* PARTOUT où domine le Libéra-
« lisme, soit comme doctrine, soit comme
« sentiment, et sous cette forme il est uni-
« versel. Mais, après la crise dont nous ap-
« prochons, on ne remontera pas immé-
« diatement à l'état chrétien. Le Despotisme
« et l'Anarchie continueront longtemps de

« se disputer le monde, et la Société res-
« tera soumise à l'influence de ces deux
« forces également aveugles et funestes,
« jusqu'à ce qu'elles aient achevé la des-
« truction de tout ce que le temps, les
« préjugés et les passions ont altéré au
« point de n'être plus qu'un obstacle au
« RENOUVELLEMENT voulu de Dieu. »

Il faut en finir, et, certes, on doit s'arrêter à de telles paroles. Que pourrait-on
y ajouter? On se sent petit quand on ne voit
rien de plus à l'horizon, en 1851, que ce
qu'en 1829, Lamennais y voyait; et qu'on me
dise, si on l'ose, ce qu'on y voit maintenant
de plus? Il n'y a rien. Le Socialisme s'est
nommé, je le sais. Un nom, voilà tout!
Mais avant qu'il fût nommé, avant qu'il fût
sorti du ventre de sa mère, Lamennais, le
Prophète du Passé, avait fait vibrer le
tocsin de sa naissance. Que faites-vous de
plus, Prophètes de l'Avenir?... Hélas! il est

devenu un de vous! Le journal au front duquel il écrivit ce nom trompeur d'*Avenir* porte la date de sa cécité volontaire. C'est le commencement d'une autre vie qu'il expiera, mais que je n'écris pas. Un jour, un soir, à La Chesnaie, il s'écriait avec une éloquence étrange et pittoresque, devant quelques disciples groupés autour de lui encore et qui allaient bientôt se disperser avec épouvante : « Voyez-vous cette pendule, Messieurs ? on lui dirait : si tu sonnes dans dix minutes, on te coupera la tête, que dans les dix minutes elle ne sonnerait pas moins ce qu'elle doit sonner. Faites comme elle, Messieurs! Quoi qu'il puisse arriver, sonnez toujours votre heure! » Noble conseil, quand c'est l'heure libre et lumineuse de la vérité et du devoir; mauvais, quand c'est, au contraire, l'heure fatale et brutale de la fausse conscience et de l'orgueil. Lui, Lamennais, n'a pas sonné que l'heure bénie; mais sur le timbre d'or pur où, pour son honneur, celle-là avait éclaté avec tant d'harmonie, pourquoi l'heure maudite a-t-elle tout à coup si affreusement retenti?

ÉPILOGUE.

Il faut conclure. J'ai dit que les Prophètes du Passé avaient été, en définitive, les seuls prophètes, et je l'ai prouvé par des exemples que j'aurais pu multiplier. Pour les hommes, restés plus enfants qu'on ne pense, les exemples sont les meilleures raisons. Si j'avais voulu être compris moins vite, j'aurais cherché dans la nature des choses et les puissances circonscrites de l'humanité, la loi qui veut que l'homme ne s'éclaire dans sa marche qu'en regardant le chemin qu'il a fait; mais toute métaphysique me fait sourire et j'y préfère deux mots d'histoire.

Une réserve cependant. Sous peine de n'être plus nécessaire, la vérité est absolue. Les inconséquents de toute nuance, matérialistes, sceptiques, panthéistes, — quelque nom qu'ils portent et à quelque système qu'ils se rattachent, — lesquels conçoivent, par une infirmité spéciale à leur cerveau, la vérité relative, contingente, variable, peuvent croire sérieusement, sans rire entre eux, à cette chose qu'on appelle « le Progrès. » Car le Progrès, c'est éminemment le Variable, puisque c'est le *mouvement perpétuel* de l'humanité, du bien au mieux. Mais ceux-là qui, se rendant compte du caractère *sine quo non* de la vérité, c'est-à-dire du seul caractère qui en rende la notion intelligible et obligatoire, estiment que l'homme ne l'a pas faite, mais qu'elle lui a été donnée pour les besoins de son âme, comme le feu et la lumière pour les besoins de son corps et l'étanchement de ses yeux ; ceux-là savent qu'on ne peut étudier le monde qui n'est pas encore, qu'en étudiant le monde qui fut. L'unité de la loi divine a été posée dans les limites de l'organisme humain, moral et physiologique. Cette loi, on ne saurait la méconnaître. Tout ce qui y contrevient d'un atome n'est qu'une rêvasserie d'esprit faux.

Or, si l'homme est plus qu'un animal, dans la bauge de ses sensations, ou une mécanique de fange durcie ; si c'est réellement une créature de vérité, il est évident que cette vérité, sa substance nécessaire, lui a été donnée dès l'origine, Dieu n'étant et ne pouvant être injuste pour aucune génération. Or encore, si elle lui a été donnée, il la transmet, ou, quand la transmission en a été faussée ou interrompue, il est tenu de remonter vers elle. Cela est

inévitable. De troisième parti , je n'en
connais pas. Eh bien , dans cette double
hypothèse, le Progrès , comme l'entend,
je ne dis pas la Raison , mais l'Imagination
moderne , n'existe pas , et ne peut pas
exister. En effet, on l'entend dans le fond
des choses... Si ce n'était que le développement de ce qui fut, ce serait le Passé
qui se continuerait. Si un anneau repris
dans une chaîne brisée, après rupture , ce
serait du passé encore,—le point de départ,
la Vérité fondamentale , le Principe enfin,
ne pouvant être détruit par les vérités qui
s'en suivent et qui n'ont dû être que les
déductions de la vérité première , iné-
branlable en science sociale , autant qu'en
mathématiques, les axiomes. Je sais bien
que là , justement , est la question , ou
plutôt que la Philosophie l'a mise là ; mais
voyons ! Dieu étant donné , conçoit-on que
la création puisse être refaite par des

notions nouvelles , incombant à l'homme
tout à coup, au bout de quelques miséra-
bles générations ! La vérité sociale, c'est
donc le Passé qui la contient et qui l'enseigne , et l'Histoire prime tout dans les
sciences humaines. Que dis-je? la Rédemp-
tion elle-même n'est qu'une rétrogression
sublime , par un sanglant et incompréhensi-
ble mystère , vers le *passé* de l'homme
déchu de sa primitive innocence.

Ainsi , qu'on y prenne garde ! On ne
joue point ici au jeu d'osselets des anti-
thèses ; on n'invoque pas cette notion
devenue scandaleuse du Passé pour l'opposer stérilement à la notion d'un Avenir
mystique, devenue populaire; on ne veut
pas du passé pour le passé , car en lui-
même ce n'est qu'une date vide , mais,
parce qu'il est le plein de Dieu ! Parce
qu'il est le point de naissance de la lumière,
la lentille condensée et embrasée qui,

des projections fulgurantes de son inépuisable clarté , balaie autour de nous
les ténèbres ; parce que l'homme enfin,
dans la vie de l'histoire , comme dans la
vie physique , ne voit devant lui et ne
s'aperçoit lui-même , ombre maigre sur
une terre qui passe , qu'à la condition
éternelle d'avoir toute la lumière à dos !
Cela posé , qu'on y songe et qu'on le
comprenne ! plus on s'éloignera du Passé ,
plus on s'éloignera de la Vérité révélée , —
de l'enseignement, — de l'origine où tout
existe , non du côté de l'homme , que Dieu
commence et qui s'achève seul , mais du
côté de Dieu , qui, dans l'indivisibilité de
sa durée , n'a pas attendu les évolutions du
Temps pour donner à l'homme la suffisance
de vérité qui le rend apte à la vie morale
et sociale ! Quand un écrivain (1) de la

_____

(1) M. Saint-Bonnet , dans *les Temps présents.*

filiation des Joseph de Maistre et des Bonald, écrivait dernièrement comme nous eussions pu l'écrire : *Le Passé, c'est le Possible, mesuré à la nature humaine; l'Avenir ne le dépassera pas!* il pouvait avoir cette certitude, il pouvait affecter cet aplomb cubique dans l'affirmation de sa pensée. Six mille ans d'histoire sont un assez puissant aval de garantie à la faible parole d'un homme! Seulement, l'avertissement était inutile. L'Avenir essaiera, soyons-en sûrs! Il brisera le Passé, le dégradera, le reniera comme jamais il ne

M. Saint-Bonnet sera bientôt connu de tout ce qui pense en Europe. Il est l'auteur d'un livre qui renverse sens dessus-dessous les idées modernes, et dont le titre ne dit pas, selon moi, comme il faudrait, l'énorme portée : *De la Restauration française.* L'esprit des Prophètes du Passé est en ce jeune homme, à l'aurore d'une gloire qui deviendra un bien beau jour.

fut brisé, dégradé et renié; mais oui, pour le dépasser, impossible! Un peuple meurt, un autre tombe, une part du globe se sèche et pèle comme une tête frappée d'une teigne maudite; mais si le Dieu qui n'éteint pas le flambeau fumant et n'achève pas le roseau brisé, n'a pas juré d'éteindre, sous son pied vengeur, sa coupable planète, l'humanité, c'est-à-dire l'homme, plus solide que des théories ne sont homicides, n'éclatera pas comme un fragile condamné, tiré qu'il soit aux quatre chevaux indomptés de ce Progrès, aiguillonné par les folles lances de tous ces bourreaux intellectuels! Dégradations, transformations, obscurités, ruptures dans le fil étincelant de la Tradition; cela s'est vu, cela va se voir encore, mais tant mieux peut-être! La sauve-garde est là. Il est une seule institution dans l'histoire qui remonte jusqu'au point de départ de la pensée et de la matière; jusqu'à l'axiome fondamental d'où la société humaine est sortie, comme une mathématique vivante. L'Église catholique prend, seule, le passé tout entier, parce qu'elle saisit l'homme dans ce qu'il a d'un et d'immuable ; et, pour peu qu'on l'étudie dans ses enseignements, elle montre que toutes les sociétés les mieux faites sont celles qui sont sorties de la notion de Dieu, comme elle la conçoit et la pose. Car toute société comme toute philosophie, se résume dans une théodicée. Une théodicée, c'est le dénouement de tous les problèmes dans la réflexion de l'humanité ; c'est le dernier mot de toutes les civilisations !

Y reviendra-t-on à cette notion Catholique de Dieu, que la philosophie se donne pour mission de détruire et qui, autour de nous, reconstruirait le passé avec des éléments nouveaux ?... Voilà la question pour le monde moderne, pour l'Europe,

pour la France. Aujourd'hui, il ne faut
être ni de Maistre, ni Bonald, ni Chateaubriand, ni Lamennais, il ne faut qu'être
homme, pour entrevoir ce qui va suivre...
Les bêtes sentent l'orage quelques minutes
avant l'orage... les hommes aussi. Un
immense frissonnement court déjà le long
de l'échine de la vieille Europe et lui lève
le poil sur son corps épouvanté. Les
Événements, ces Muets de la Providence,
comme des canonniers à leurs pièces,
sont près de laisser tomber l'étincelle...
qu'arrivera-t-il ? On doit avertir ; mais
qui peut conseiller ? Autrefois, du temps
de ces incendies qui étaient la rente
d'hécatombes que Constantinople payait
à la Fatalité, le vrai dieu des Turcs, si le
feu prenait dans la nuit, nulle voix ne
s'entendait aux Sept-Tours ; mais la Sultane
favorite effarée ceignait vite ses tempes
d'un turban rouge et surgissait tout à coup,

sans dire un seul mot, devant le Sultan.
Aujourd'hui, à l'exception de trois têtes
de Roi, dignes de leurs couronnes (1) et
sur lesquelles repose la sécurité de l'Europe, mais comme un viager hazardeux,
la plupart des Gouvernements et des peuples ressemblent à des Sultans engourdis
de vieillesse et de scepticisme, ce double

(1) Ces trois souverains qu'on pourrait se dispenser
de nommer, car on ne saurait se méprendre à la
beauté de leur attitude déjà historique, sont l'empereur de Russie, le jeune empereur d'Autriche et le
roi de Naples, ce glorieux *Bomba*, au surnom écrit
par la foudre sur les lèvres de ses ennemis. Qui sait
ce que des individualités si hautes, avec l'instinct
religieux de leurs devoirs de chefs de gouvernement,
feront entrer dans ce que les niais appellent les
hasards de la fortune ? Les panthéistes dépaysés par
les événements parlent de la force des choses : moi,
je ne crois qu'à l'âme humaine en histoire. On ne
connaît pas assez le poids d'une grande âme dans les
destinées des nations.

opium qui donne la mort. Quand même il y aurait pour eux, parmi ceux qui les aiment et qui voudraient les sauver, un favori qui pût se lever devant leur faiblesse, en leur montrant à son front, fût-il éclatant de génie, le terrible bandeau écarlate, le signe du Feu qui dit aux yeux la vérité de l'incendie et l'approche furieuse du fléau... le verraient-ils? Et s'ils le voyaient, sortiraient-ils du lâche hébètement dans lequel ils vivent, en attendant de mourir?...

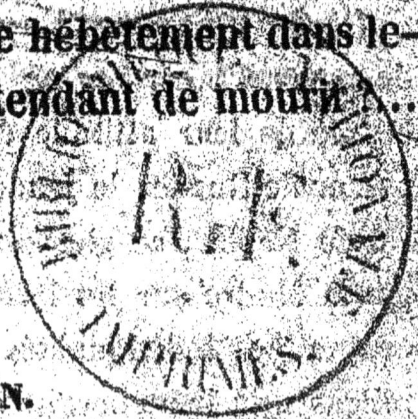

FIN.

www.ingramcontent.com/pod-product-compliance
Lightning Source LLC
Chambersburg PA
CBHW072230270326
41930CB00010B/2064